Katrin Eppler

Vegetarisch kochen – türkisch

Katrin Eppler

Vegetarisch kochen –

türkisch

Inhalt

Mediterrane und orientalische Köstlichkeiten

Die türkische Küche gilt zu Recht als eine der raffiniertesten Küchen der Welt. Die Türkei ist nicht nur geografisch und politisch, sondern auch kulinarisch die Schnittstelle zwischen Europa und dem Orient. Durch die Einflüsse vieler Kulturen und die großen klimatischen Unterschiede sind über die Jahrhunderte vielfältige Kochtraditionen entstanden.

Seit einem Studienjahr in Istanbul gilt meine besondere Liebe den mediterranen und orientalischen Köstlichkeiten aus der Türkei. Wer bei »türkischem Essen« nur an Döner und Kebap denkt, hat bisher viel verpasst, denn es ist viel mehr als das! Besonders die reiche Tradition vegetarischer Gerichte ist hierzulande wenig bekannt. Was mich immer wieder aufs Neue an der türkischen Küche fasziniert, ist die Vielfalt der Gerichte und Zutaten. So gibt es einerseits schmackhafte bodenständige Speisen, andererseits aber auch höchst raffinierte Kompositionen und natürlich viele regionale Spezialitäten! Gekocht wird saisonal und mit wenig verarbeiteten Lebensmitteln.

Durch das Studium der Turkologie in den kulinarischen Traditionen des Landes theoretisch vorgebildet, lässt mich heute die Praxis der Materie nicht mehr los. Es gibt immer wieder Neues zu entdecken und so wandere ich mit Vorliebe über türkische Märkte, schaue in Kochtöpfe und suche nach unbekannten Zutaten und Rezepten. Mit meinem Kochbuch möchte ich Sie einladen, mit mir auf kulinarische Entdeckungsreise zu gehen. Beim Nachkochen der Gerichte ab Seite 31 wünsche ich Ihnen viel Freude und *Afiyet olsun* (Guten Appetit)!

Land und Leute

Vom Osmanischen Reich zur heutigen Türkei

Das Gebiet der heutigen Türkei gehört zu einer der am längsten durchgehend besiedelten Regionen der Erde und war Zeuge des Kommens und Gehens unterschiedlichster Zivilisationen.

Erste menschliche Spuren werden mindestens auf das achte vorchristliche Jahrtausend datiert. In der Osttürkei gibt es dazu bedeutende steinzeitliche Zeugnisse *(Göbekli Tepe)*. Im zweiten Jahrtausend vor Christus errichteten die Hethiter ihr Großreich mit der Hauptstadt Hattuša. Zur selben Zeit siedelten an den Dardanellen die Troianer und in Südostanatolien die Dorer und Luwier. Das erste vorchristliche Jahrtausend sah das Phrygische Großreich um Gordion in Zentralanatolien, das Reich Urartu in Ostanatolien, die Lykier an der Mittelmeerküste, die Lyder in Westanatolien und griechische Stadtstaaten wie Ephesos und Milet an der Ägäisküste. Persischen Eroberern folgte Alexander der Große und schließlich kamen die Römer und mit ihnen das Christentum. Das antike Byzanz wurde zu Konstantinopel, der neuen Hauptstadt des christlich byzantinischen Ostroms.

Im 11. Jahrhundert nach Christus begann die türkische Besiedlung Ost- und Mittelanatoliens durch aus Mittelasien kommende, muslimische, nomadische türkische Stämme. Diese übernahmen, unter Führung der Seldschukenfamilie, immer mehr byzantinische Besitzungen. Gestoppt wurden sie durch den Einfall der Mongolen im 13. Jahrhundert. Das Reich der Rum-Seldschuken zersplitterte in viele kleine Fürstentümer. Eines dieser Fürstentümer wurde von Osman (1299 – 1326), dem Namensgeber der Dynastie der Osmanen, beherrscht. Er führte erfolgreich Feldzüge gegen die Byzantiner und dehnte sein Einflussgebiet aus. Osmans Nachkommen folgten seinem Beispiel und eroberten nach und nach das gesamte Byzantinische Reich und machten dabei erst Prusa (Bursa), später Adrianopel (Edirne) und schließlich 1453 Konstantinopel (Istanbul) zu ihrer Hauptstadt. Zu seiner Blütezeit erstreckte sich das Osmanische Reich über ein Gebiet, das von Ungarn bis zur Krim, vom Balkan und Griechenland bis in den Nahen Osten, die Arabische Halbinsel und Nordafrika reichte.

Mustafa Kemal (Atatürk) organisierte ab 1919 den politischen und militärischen Widerstand gegen die Pläne der Siegermächte des 1. Weltkriegs, das einst riesige Reich der Osmanen auf Istanbul und einen Teil Thrakiens zu reduzieren und das restliche Gebiet unter den Siegern aufzuteilen. Im türkischen Befreiungskrieg (1919 – 1922) eroberte er Anatolien zurück.

Am 29. Oktober 1923 wurde die türkische Republik ausgerufen; die Grenzen des heutigen türkischen Staates wurden völkerrechtlich anerkannt. In den Folgejahren schuf Atatürk einen weltlichen Staat nach westlichem Vorbild. Er arbeitete eine Verfassung aus, schuf ein säkulares Gesetzbuch, führte Frauenrechte ein und ließ innerhalb von nur drei Monaten das arabische Alphabet durch das lateinische ersetzen.

Ein bisschen Landeskunde

Die Türkei, der Nachfolgestaat des Osmanischen Reiches, liegt auf den beiden Kontinenten Europa und Asien. Der Bosporus, die Wasserstraße, die das Schwarze Meer mit der Ägäis verbindet, trennt die europäische von der asiatischen Türkei. Das Staatsgebiet umfasst eine Fläche von knapp 800.000 Quadratkilometern. Damit ist die Türkei mehr als doppelt so groß wie Deutschland.

Das Land ist von drei Meeren umgeben: dem Schwarzen Meer im Norden, der Ägäis im Westen und dem Mittelmeer im Süden. Mit acht Staaten hat es gemeinsame Grenzen: Bulgarien und Griechenland im Westen, Syrien und Irak im Süden, Iran im Osten und Aserbaidschan, Armenien und Georgien im Nordosten. Parallel zu den Küsten verlaufen Gebirge. Im Norden liegt das Pontische Gebirge, im Süden der Taurus. Außerdem durchziehen mehrere Mittel- und Hochgebirge sowie ausgedehnte Steppengebiete, Hochplateaus und Bergländer das türkische Binnenland.

Die Türkei ist ein multiethnischer Staat mit über 70 Millionen Einwohnern. Die größte Bevölkerungsgruppe machen die Türken und Angehörige anderer Turkvölker wie etwa Tataren und Krimtataren, Aserbaidschaner, Gagausen, Usbeken, Kasachen, Kirgisen, Turkmenen und Uiguren aus. Rund ein Viertel der Bevölkerung sind Kurden. Daneben gibt es größere Gruppen von Zazas, Arabern, Albanern, Tscherkessen und Georgiern,

außerdem Abchasen, Aramäer, Armenier, Bosniaken, Bulgaren, Griechen, Lasen und Tschetschenen.

Die Amtssprache ist Türkisch, die Muttersprache von 80 Prozent der Bevölkerung und die Zweitsprache von weiteren zehn bis 15 Prozent. Weitere gesprochene Sprachen sind verschiedene kurdische Dialekte, Arabisch, Aserbaidschanisch, Tscherkessisch, Bulgarisch, Armenisch und Griechisch sowie Albanisch, Romani, Georgisch, Lasisch, Abchasisch und Abasinisch.

Laut offiziellen türkischen Statistiken sind 99 Prozent der Bevölkerung muslimischen Glaubens. Die Mehrheit der Muslime sind Sunniten. Aleviten machen etwa ein Fünftel der Bevölkerung aus. Außerdem gibt es kleine Gruppen von Christen, Juden und Jesiden.

Klima, Vegetation und Landwirtschaft

Die Türkei ist in erster Linie ein Agrarland. Mehr als ein Drittel der Fläche wird landwirtschaftlich genutzt. Traditionell liegen die Hauptaugenmerke auf Getreideanbau und Viehzucht, unterstützt vom Anbau von Obst, Gemüse und Nüssen.

Kennzeichnend für das Land ist der fruchtbare Boden, der dafür sorgt, dass fast überall etwas gedeihen kann; oftmals unter – auf den ersten Blick – so ungünstigen Umständen wie ausgeprägter Trockenheit oder großer Höhenlage.

Innerhalb der Türkei herrschen starke klimatische Unterschiede. Grob gesprochen gibt es von Norden nach Süden einen Wechsel vom immerfeuchten zum winterfeuchten Klima. Von Westen nach Osten dagegen nimmt der kontinentale Charakter zu, was sich in zunehmend trockenen, heißen Sommern und strengen Wintern äußert.

Das Land wird in sieben geografische Regionen eingeteilt, die sich hinsichtlich Klima, Oberfläche und erzeugter landwirtschaftlicher Produkte unterscheiden.

- Die **Schwarzmeerregion** ist ganzjährig grün und feucht und mit Wäldern, Rhododendren und Farn bedeckt. Intensiv angebaut werden Haselnüsse, Mais und Tee sowie Kartoffeln und Zitrusfrüchte. Ergänzend dazu gibt es Gemüseanbau sowie Weideflächen für Schafe, Ziegen,

Rinder und Wasserbüffel. Im südwestlichen Schwarzmeergebiet gedeiht Obst, beispielsweise Erdbeeren, Kirschen, Quitten, Äpfel und Birnen, sehr gut.

- In der **Marmararegion,** südlich und östlich vom Bosporus, sind die Sommer heiß und trocken und die Winter strenger als in den angrenzenden Gebieten. Laub- und Nadelbäume wechseln sich mit mediterranem Macchiabewuchs ab. Hauptanbauprodukte sind Pfirsiche und Maulbeeren, Tomaten, Paprika, Auberginen, Bohnen und Zucchini, außerdem Sonnenblumen und Oliven.

- In **Thrakien,** westlich vom Bosporus auf europäischer Seite gelegen, ist das Klima geprägt von Sommertrockenheit und kalten, frostreichen Wintern. Kulturpflanzen sind Sonnenblumen, Mais, Weizen und Zuckerrüben. Auf den Feldern wachsen zahlreiche Arten von Sommergemüsen wie Tomaten, Paprika, Auberginen oder Gurken.

- Die stark hügelige **Ägäisregion** profitiert von warmen, trockenen Sommern und milden Wintern. Die Vegetation besteht aus einer Mischung von Hartlaubwäldern und -büschen, immergrünen Bäumen, Macchia, Ödland und Bergweide. Unbewässert gedeihen Olivenbäume, Weinreben und Weizen, dort, wo bewässert wird, Feigen, Granatäpfel, Maulbeeren, Walnüsse und jede erdenkliche Art an mediterranem Gemüse.

- Klimatisch ähnelt die **Mittelmeerregion** der Ägäisregion. Die Sommer sind dort jedoch noch heißer und muten teilweise sogar subtropisch an. Entlang der gesamten Südküste werden Zitrusfrüchte angebaut, hauptsächlich Orangen, aber auch Zitronen, Mandarinen und Pomeranzen. Eine Vielzahl an mediterranen Gemüsen gedeiht ausgezeichnet, ebenso wie Weintrauben, Granatäpfel und Esskastanien. Um Alanya, Gazipaşa und Anamur werden sogar Bananen angebaut.

- In **Südostanatolien** herrscht kontinental-submediterranes Klima. Die Region besteht größtenteils aus einem 500 bis 600 Meter hohen, von Tälern zerschnittenen, Plateau. Gaziantep sowie die angrenzenden Provinzen sind Zentren des türkischen Pistazienanbaus. In dieser Region liegt außerdem ein weiterer Schwerpunkt der türkischen Olivenölproduktion.

- **Ostanatolien** ist ein unzugängliches Gebirgsland, das aus kahlen Hochgebirgen und Hochflächen besteht. Die Sommer sind heiß und trocken, die Winter sehr kalt. Je weiter man nach Osten kommt, desto spärlicher wird die Vegetation. Trotzdem gedeihen Getreide und, bei entsprechender Bewässerung, fast alle Sommergemüse der gemäßigten Zone. Die Region Malatya ist das Zentrum des türkischen Aprikosenanbaus. Im Gegensatz zum restlichen Ostanatolien regnet es im Nordosten im Sommer häufiger. Auf den üppigen Sommerweiden wird Rinderzucht mit Milchwirtschaft und Käseproduktion betrieben.

● **Zentralanatolien** besteht größtenteils aus kahler Steppe, ist aber in der Tat die Kornkammer des Landes! Angebaut wird vor allem Weizen, gefolgt von Gerste und Roggen. Das Klima ist kontinental. Sehr gut gedeihen in der Region Kappadokien die Weintrauben. In den Gebirgen der Binnenlandschaften wird hauptsächlich Kleinviehzucht betrieben.

Die türkische Küche

Die moderne türkische Küche hat ihre Wurzeln in der osmanischen Küche. Diese entstand durch die Verschmelzung, Verfeinerung und Weiterentwicklung nomadischer Kochtraditionen der aus Mittelasien eingewanderten Turkvölker mit den Kochtraditionen der sesshaften Bevölkerung Persiens, des Mittelmeerraumes und des Kaukasus.

Zutaten wie Reis, Blattspinat und Auberginen fanden mit den frühislamischen arabischen Eroberern ihren Weg aus China und Indien über den Iran in den Mittelmeerraum. Lebensmittel aus der »Neuen Welt« wie Tomaten, Paprika, grüne Bohnen und Mais verbreiteten sich rasch über die nordafrikanische Küste und Ägypten im Osmanischen Reich.

Kulinarische Trends und Moden, die nicht selten auf Besonderheiten der Regionalküchen basierten, wurden im Osmanischen Reich stark von Konstantinopel bestimmt. Dem Sultanspalast nahestehende, weltoffene Eliten und nicht zuletzt die Köche der osmanischen Familie im Istanbuler Topkapi-Palast spielten dabei eine entscheidende Rolle. Mit der Zeit wurden viele Rezepte vereinheitlicht und verbreiteten sich von der Hauptstadt aus im ganzen Land.

Innerhalb der Türkei gibt es auch heute noch große Unterschiede bei der Auswahl der Zutaten und bei der Zubereitung. Das macht die türkische Küche so vielseitig und raffiniert. Die unterschiedlichen Klimazonen und natürlichen Gegebenheiten der einzelnen Regionen spiegeln sich in den Regionalküchen wider:

● In der **Ägäisregion** sind unterschiedlichste, mit Olivenöl zubereitete Gemüsegerichte *(zeytinyağlılar)* weit verbreitet. Gewürze werden dort eher sparsam eingesetzt.

● **Inneranatolien** ist bekannt für seine Teigwaren wie Ravioli *(mantı)* oder Nudeln *(erişte)* und für seine Bulgurgerichte.

● In der **Schwarzmeerregion** isst man viel Mais und eine besondere Art Blattkohl.

● Im **Südosten des Landes** wird schärfer gegessen. Die Speisen werden mit Flockenpaprika gewürzt, der aus scharfen Paprikaschoten hergestellt wird, die in dieser Region besonders gut gedeihen. Der Südosten ist vor allem aber berühmt für seine vielfältigen Vorspeisen *(mezeler)*, die oft denen im angrenzenden Syrien ähneln.

Auf Wunsch vollwertig, oft vegetarisch

In der Türkei wird vorwiegend mit Weißmehlprodukten und geschältem Reis gekocht. Es gibt allerdings seit einigen Jahren vermehrt Vollkornmehl, -bulgur und -nudeln sowie ungeschälten Reis zu kaufen. Dem Geschmack der Gerichte tun Vollkornprodukte keinen Abbruch, im Gegenteil! Entscheiden Sie daher bei den Rezepten ab Seite 31 für sich selbst, womit Sie kochen und backen möchten.

Das am weitesten verbreitete Süßungsmittel ist weißer Zucker. Daneben süßt man aber auch mit Honig und Obstsirup *(pekmez)*, der meist aus Trauben, aber auch aus Maulbeeren und den Früchten des Johannisbrotbaums hergestellt wird. Weißen Zucker können Sie durch Roh-Rohrzucker ersetzen.

Gemüse und Obst werden in der türkischen Küche fast ausschließlich frisch verwendet. Um auch im Winter Obst und Gemüse genießen zu können, werden Gemüse entweder getrocknet (Paprika, Auberginen, Okraschoten) oder in Essig- bzw. Salzlake eingelegt (Gurken, Tomaten, Paprika, Auberginen, Möhren). Kräuter verarbeitet man entweder frisch oder aber man trocknet sie. Konserven sowie Tiefkühlprodukte gibt es so gut wie nicht.

Vegetarische Gerichte haben in der türkischen Küche eine lange Tradition. So gibt es zum Beispiel eine typische, der türkischen Küche eigene Gruppe von Gemüsegerichten, die mit Olivenöl zubereitet und grundsätzlich kalt gegessen werden. Diese Olivenölgerichte *(zeytinyağlılar)* gibt es in unzähligen Variationen und sie sind ausnahmslos ohne Fleisch. Ferner gibt es eine Vielzahl von vor allem kalten, vegetarischen Vorspeisen und Salaten. Hauptgerichte, vor allem klassische Hausmannskost, sind ebenfalls oft fleischlos, sei es aus wirtschaftlichen Erwägungen heraus wie auch aus gesundheitlichen. Nicht zu vergessen sind auch die diversen mit Gemüse und Käse gefüllten Böreks und natürlich die Süßspeisen aller Art.

Was wird wann, wie und wo gegessen?

Ein typisch türkisches Frühstück besteht aus Schwarztee, Brot, Oliven, Schafskäse, Marmelade, Honig, Butter, Tomaten und Gurken. Wer keine Zeit zum ausgiebigen Frühstücken hat, kauft sich am Straßenstand einen

Sesamkringel *(simit,* siehe Seite 119), einen mit Schwarzkümmelsamen bestreuten Hefeteigkringel *(açma),* gabelförmiges Mürbteiggebäck *(çatal)* oder beim Bäcker ein Brötchen mit Käse-, Oliven- oder Kartoffelfüllung *(poğaça).*

Mittags und abends wird meist warm gegessen. Tendenziell ist das Abendessen die wichtigste und umfangreichste Mahlzeit des Tages. Je nach Jahreszeit und Anzahl der Esser kommen dabei Salat, Suppe, ein oder mehrere Olivenölgerichte, ein Reis- oder Bulgurgericht und eine Hauptspeise auf den Tisch.

Zu festlichen Gelegenheiten und Familienzusammenkünften läuft die türkische Küche zu Höchstform auf. Bis auf das Dessert wird alles zur selben Zeit auf dem Esstisch angerichtet. Der glückliche Gast hat nun die Qual der Wahl zwischen verschiedenen Vorspeisen, Salaten, Olivenölgerichten, einer Suppe, Reis oder Bulgur, Hauptgerichten und Börekvariationen. Nach dem Essen gibt es Süßspeisen und Obst, außerdem Schwarztee, Kaffee und geröstete Nüsse, Kerne und Trockenfrüchte.

In Imbissen und an Straßenständen kann man *Gözleme,* eine Art türkisches Fastfood, bestehend aus Yufka-Teigblättern, die mit diversen Füllungen (Schafskäse, Spinat, Kartoffel) bestrichen, zusammengeklappt und auf großen Pfannen gebacken werden, viele Arten Börekpasteten und gebackenen Käsetoast kaufen. Verbreitet sind auch gebackene Kartoffeln, die mit Butter und Käse gemischt und mit essigsaurem Gemüse, Oliven, Mais, Pilzen, Möhren, Erbsen, Ketchup und Mayonnaise garniert werden.

Als Snack zwischendurch und beim gemütlichen Beisammensein knabbert man Trockenfrüchte, geröstete Nüsse und Kerne. Besonders beliebt sind Sonnenblumen- und Kürbiskerne. Daneben gibt es geröstete Haselnüsse, Pistazien, Mandeln, Erdnüsse, Cashewnüsse und getrocknete Kichererbsen, Aprikosen, Feigen, Rosinen, Maulbeeren und die Früchte des Johannisbrotbaums zu kaufen.

Das am weitesten verbreitete Getränk ist Wasser. Daneben wird von morgens bis abends Schwarztee getrunken. Türkischen Kaffee trinkt man zu besonderen Gelegenheiten. In den Wintermonaten gibt es *Sahlep,* ein aus den zerriebenen Knollen einer Orchideenart *(Orchis mascula)* hergestelltes, in gesüßter Milch oder in Wasser gekochtes heißes Getränk (siehe Seite 162). *Boza,* ebenfalls ein Wintergetränk, wird aus gegorenem Getreide hergestellt. Es ist dicklich und leicht süß und wird gekühlt und mit Zimt bestreut getrunken (siehe Seite 160). Im Sommer ist frische, hausgemachte Zitronenlimonade sehr beliebt (siehe Seite 159). Eine Spezialität, die aus der Region Adana kommt, ist Kohlrübensaft, der in den Variationen »Mild« und »Scharf« erhältlich ist. *Ayran,* ein kaltes Joghurtgetränk ist im Sommer besonders erfrischend (siehe Seite 156).

Zu jeder Jahreszeit kann man auf den Straßen Simitverkäufer beobachten, die knusprige Sesamkringel anbieten. Die Sesamkringel werden kunstvoll auf einfachen, zusammenklappbaren Tischchen aufgetürmt, die der *Simitçi* an jeder Straßenecke schnell auf- und abbauen kann. Auf seiner Runde durch die Straßen balanciert der *Simitçi* das Tischchen gekonnt auf dem Kopf und lässt seinen Ruf »frische *Simit*« ertönen.

Aus der türkischen Speisekammer

Getreide und Getreideprodukte *(tahıllar)*

Das am häufigsten verwendete Getreide ist Weizen, gefolgt von Gerste und Roggen. Es wird überwiegend zu Mehl vermahlen, kommt aber auch als Bulgur in den Handel. In der Schwarzmeerregion wird allerdings statt Weizen oft Mais verwendet, vor allem für Teigwaren und Brote.

Brot und Gebäck *(ekmek ve hamur işleri)*

Brot gibt es in der Türkei zu jeder Mahlzeit, es ist das Grundnahrungsmittel schlechthin.

Am weitesten verbreitet ist Weißbrot *(ekmek)*, das vorwiegend in Bäckereien gekauft wird. In der Schwarzmeerregion wird das Brot vor allem aus Maismehl gebacken.

Runde Fladenbrote aus Hefeteig *(pide)* sind auch hierzulande bekannt und erhältlich. Während des Ramadans gibt es spezielle Fladenbrote *(ramazan pidesi)*, über die, nach Wunsch, vor dem Backen Eier aufgeschlagen werden.

Zu den Vorspeisen wird in Restaurants oft ein dünnes Fladenbrot *(lavaş)* gereicht. Es sieht ähnlich wie Tortillafladen aus. Man rollt dazu den Teig ganz dünn aus und schiebt ihn kurz in den sehr heißen Ofen. Dabei bildet sich eine große Blase zwischen der unteren und der oberen Teigschicht. Zerteilt man das heiße *lavaş* oder lässt es abkühlen, »verpufft« diese Blase sofort. Das Fladenbrot wird wie ein Löffel benutzt, um die Vorspeisen zu essen.

Ein anderes, traditionelles Brot ist das Yufkabrot. Dazu werden kleine Teigbällchen mit einem langen, dünnen Nudelholz auf einem niedrigen, runden Tischchen zu dünnen Fladen ausgerollt (sie können bis zu einem Meter Durchmesser haben). Die Teigfladen werden dann auf einer Art umgedrehten, großen, gewölbten Bratpfanne *(saç)* über einer Feuerstelle oder auf dem Elektro- oder Gasherd gebacken. Nach dem Abkühlen werden die dünnen Fladenbrote aufeinandergestapelt und abgedeckt. So können sie lange Zeit (bei sachgemäßer Lagerung bis zu einem Jahr) aufbewahrt werden. Kurz vor dem Verzehr benetzt man eine Seite des Fladens mit etwas Wasser und wartet, bis er weich wird.

Bei Straßenhändlern kann man Sesamkringel *(simit)* kaufen. Diese knusprigen Kringel aus Hefeteig sind dick mit Sesam ummantelt und werden kross gebacken.

Reis *(pirinç)*

Reis ist neben Brot und Bulgur ein wichtiges Grundnahrungsmittel. Der größte Teil des Bedarfs wird importiert, im fruchtbaren Schwemmland der Region Adana wird er auch in geringem Umfang angebaut. Reis wird nicht nur für die vielfältigsten Reisgerichte verwendet, sondern auch für Suppen, Süßspeisen oder gefüllte Gemüse. In Form von Reismehl kommt er vor allem in Milchpuddingen zum Einsatz.

Bei der Zubereitung der Reisgerichte *(pilav)* schwören viele Türken auf Baldo Reis, einen speziellen Langkornreis. Da die Form der Körner eher unserem Rundkornreis entspricht, habe ich in den Zutatenlisten der Rezepte ab Seite 31 »Rundkornreis« angegeben.

Weizengrütze *(bulgur)*

Bulgur wird aus Hartweizen hergestellt. Dazu werden die Weizenkörner zunächst gekocht und dann getrocknet, bevor sie geschrotet werden. Es gibt ihn in den Formen »Grob« und »Fein«. Grober Bulgur wird immer gekocht und z. B. als Bulgurreis gegessen. Feinen Bulgur nimmt man für Vorspeisen wie Bulgursalat oder Linsen-Bulgur-Buletten. Er muss lediglich in heißem Wasser eingeweicht werden, aber nicht mehr kochen.

Yufka-Teigblätter (yufka)

Yufka ist ein geschmeidiger Teig aus Weizenmehl, Wasser und etwas Salz (ähnlich wie ein Strudelteig). Er kann für pikante oder süße Gerichte verwendet oder zu Fladenbroten verbacken werden. Die hauchdünnen Teigblätter sind hierzulande in türkischen Lebensmittelgeschäften erhältlich. Ein Rezept für selbst gemachten Yufka-Vollkornteig finden Sie auf Seite 118.

Hülsenfrüchte *(bakliyat ve baklagiller)*

Rote und gelbe Linsen *(kırmızı ve sarı mercimek)*
Geschälte rote und gelbe Linsen, bei uns auch unter dem Namen Orient-
linsen bekannt, nimmt man in der Türkei gerne für Suppen oder Bratlinge.
Sie müssen vor dem Kochen nicht eingeweicht werden und sind schnell
gar.

Grüne Linsen / Tellerlinsen *(yeşil mercimek)*
Grüne Linsen sind geschmacksintensiver als geschälte Linsen. Vor dem
Kochen müssen sie eingeweicht werden, die Garzeit variiert je nach Sorte
zwischen 45 und 60 Minuten. Sie werden bevorzugt für Suppen in Kombi-
nation mit Reis oder Bulgur, aber auch für Süßspeisen verwendet.

Kichererbsen *(nohut)*
Kichererbsen werden vor dem Kochen (am besten über Nacht) eingeweicht und müssen mindestens 60 Minuten gekocht werden, bis sie gar
sind. Die Samenhäute, die sich beim Einweichen und Kochen lösen, sollten entfernt werden.
   Die nussig schmeckenden Hülsenfrüchte werden für Suppen, Reisgerichte, Eintöpfe und auch für Süßspeisen verwendet.

Bohnen *(fasulye)*
Bohnen gibt es in der Türkei in unzähligen verschiedenen Sorten. Grüne
Bohnen werden als Frischgemüse, Weiße Bohnen, Wachtelbohnen, Dicke
Bohnen und regional auch Mungbohnen für viele kalte und warme
Gerichte verwendet. Vor dem Kochen müssen sie, mit Ausnahme der
Mungbohnen, eingeweicht werden. Salz sollte wie bei allen Hülsenfrüch-
ten erst am Ende der Garzeit zugegeben werden.

Gemüse und Obst *(sebze ve meyveler)*

Auberginen *(patlıcan)*
Außer den bei uns bekannten, violetten Auberginen gibt es in der Türkei
noch viele andere Sorten in allen erdenklichen Formen, Farben und

Größen. Man findet große und kleine, dünne oder dicke, kugelförmige oder längliche Sorten. Einige haben dunkelviolette Schalen, andere sind helllila gesprenkelt oder hellgrün. Für jedes Gericht wird eine andere Sorte bevorzugt, hierzulande lohnt es sich, einmal beim türkischen Lebensmittelgeschäft nach dem aktuellen Angebot zu fragen und sich beraten zu lassen. Vielleicht finden Sie dort auch getrocknete Auberginen, die in der Türkei im Winter häufig verwendet werden. Sie müssen vor der weiteren Zubereitung einige Minuten eingeweicht werden. Für den Wintervorrat werden Auberginen traditionell auch milchsauer eingelegt.

Gurken *(salatalık)*
Salatgurken werden – ähnlich wie Tomaten – bereits zum Frühstück genossen. Sie kommen in Salaten wie dem Hirtensalat zum Einsatz, werden mit Joghurt in Vorspeisen kombiniert oder einfach mit Salz bestreut und roh gegessen. Die türkischen Gurken sind viel kleiner, aber aromatischer als die hierzulande üblichen EU-Norm-Gurken, sie haben eher Gewürzgurkengröße. Für den Winter legt man Gurken auch gerne milchsauer ein.

Knoblauch *(sarımsak)*
Je nach Saison hat man die Wahl zwischen frischen Knoblauchknollen, getrocknetem Knoblauch und Stangenknoblauch. Stangenknoblauch ähnelt in seiner Form Frühlingszwiebeln, wird klein geschnitten und roh verwendet. Frischer Knoblauch schmeckt noch relativ mild, mit zunehmender Lagerung entwickelt er immer mehr von seinem typischen Aroma.

Knoblauch wird wie die Zwiebeln gerne und häufig verwendet, vor allem für Joghurtgerichte wie *cacık* oder kalte Joghurtsuppe. Einzelne Knoblauchzehen werden auch geröstet serviert. Um Knoblauch für den Winter haltbar zu machen, legt man ihn milchsauer ein.

Oliven *(zeytin)*
Unreife, grüne und reife, schwarze Oliven werden in Salzlake eingelegt und milchsauer vergoren und so erst genießbar. In der Türkei genießt man Oliven bereits zum Frühstück. Sie werden aber auch gerne püriert und mit Gewürzen gemischt als Brotaufstrich gegessen. Die besten Frühstücksoliven kommen aus der Marmararegion.

Paprika *(biber)*

Paprika gibt es in unzähligen Varianten: von süß über mild bis scharf, von hellgrün über dunkelgrün bis rot, in kurz, lang, dick, dünn, rund und schmal. Kleine, grüne Paprikaschoten, die auch hierzulande in türkischen Lebensmittelgeschäften angeboten werden, sind speziell zum Füllen gut geeignet. Sie sind zarter als andere Paprikasorten, die als Gemüsepaprika, zum Einlegen oder zum Würzen verwendet werden. Vor allem grüner oder roter, länglicher Spitzpaprika wird frisch als Gemüse, als Zugabe zu Gerichten, getrocknet und milchsauer eingelegt verwendet. Bei den Rezepten ab Seite 31 können Sie selbst entscheiden, ob Sie lieber mildere oder scharfe Paprikasorten verwenden. Erlaubt ist, was schmeckt und was individuell verträglich ist.

Aus den Paprikaschoten wird sowohl mildes als auch scharfes Paprikamark hergestellt, das man zum Würzen verwendet. Es sorgt für einen bitter-herben, leicht scharfen Geschmack und eine rote Farbe. Aus getrockneten und grob zerkleinerten, scharfen Paprikaschoten, die im Südosten der Türkei angebaut werden, gewinnt man das Würzmittel Flockenpaprika *(pul biber)*.

Tomaten *(domates)*

Ohne Tomaten wäre die türkische Küche nicht denkbar, sie werden vom Frühstück bis zum Abendessen gerne und häufig gegessen. Die Tomaten sind dabei sowohl Gemüse als auch ein Würzmittel. Im Sommer gibt es Tomaten in allen erdenklichen Größen, Formen und Farben frisch zu kaufen. Man genießt sie roh in Salaten wie dem Hirtensalat und verwendet sie zum Kochen. Für diejenigen Monate im Jahr, in denen keine frischen Tomaten erhältlich sind, wird Tomatenmark verwendet. Ohne Tomatenmark geht in der türkischen Küche nichts! Sie geben vielen Gerichten, nicht nur Saucen, Farbe und den typischen Geschmack.

Zwiebeln *(soğan)*

In der türkischen Vorratskammer finden sich stets normale Küchenzwiebeln, rote und weiße Zwiebeln, Perlzwiebeln sowie Frühlingszwiebeln. Frühlingszwiebeln kocht man nicht, sondern verwendet sie immer roh oder serviert sie als ganze Stangen zusammen mit frischen Kräutern. Rote und weiße Zwiebeln werden hauptsächlich für kalte Gerichte wie Salate verwendet. Küchenzwiebeln sind eine unentbehrliche Zutat für viele Gerichte – von der Vorspeise über die Suppe bis zu Reisgerichten oder Pastetenfüllungen. Kleine Perlzwiebeln kann man rösten und als Beilage servieren oder anstelle von Küchenzwiebeln in Olivenölgerichte geben.

Aprikosen *(kayısı)*

Malatya im Osten der Türkei ist das Zentrum des türkischen Aprikosenanbaus. Im Sommer genießt man Aprikosen frisch oder verarbeitet sie zu Marmelade. Außerhalb der Saison gibt es sie überall getrocknet zu kaufen. Die Trockenfrüchte sind eine beliebte Zutat für viele Süßspeisen wie Aprikosen in Sirup. Die orangen Früchte werden auch zu einer Art Fruchtgummi verarbeitet.

Granatäpfel *(nar)*

Granatäpfel sind als Paradiesfrüchte bekannt. Die roten Früchte werden zur Saison im Herbst als Frischobst verzehrt. Unter ihrer ledrigen, roten Schale sitzt das Fruchtfleisch mit vielen Samenkernen, das mit zunehmender Reife immer saftiger wird. Granatapfelkerne werden gerne zum Verzieren von Süßspeisen verwendet. Wenn Sie die Granatäpfel vierteln und mit einem Löffel auf die Schalenseite klopfen, fallen die roten Kerne leicht heraus.

Die Früchte werden aber vor allem zu Saft (Grenadine) verarbeitet. Aus dem Saft gewinnt man säuerlichen Granatapfelsirup *(nar ekşisi)*, der zum Würzen verwendet wird.

Feigen *(incir)*

Die besten Feigen findet man an der Ägäisküste. Besonders die Region Aydın ist bekannt für ihre delikaten Feigen. Die Schalenfarbe der Früchte variiert von Grün bis Lila, die Farbe des Fruchtfleischs von Rosa bis Rot. Im Sommer genießt man die frischen Früchte. Sie sind leicht verderblich und sollten nach dem Kauf möglichst bald verzehrt werden.

Getrocknete Feigen isst man in der Türkei das ganze Jahr über als Snack oder bereitet Süßspeisen daraus zu.

Maulbeeren *(dut)*

Maulbeeren kommen zum Großteil aus der Region Bursa, die im 19. Jahrhundert das Zentrum der türkischen Seidenproduktion war. Die Blätter der Weißen Maulbeeren sind das bevorzugte Futter des Seidenwicklers, die weißen oder schwarzen Früchte waren lange Zeit nur ein Nebenprodukt. Die Beeren werden während der Saison frisch gegessen, den Rest des Jahres über isst man helle, getrocknete Maulbeeren. Der Fruchtsaft wird auch zu Maulbeersirup *(dut pekmezi)* verarbeitet. Mit Sesampaste verrührt, ist der Sirup eine nahrhafte Winterspeise. Er wird aber auch pur gelöffelt, zum Süßen verwendet oder mit Joghurt vermischt.

Quitten *(ayva)*

Exquisit duftende Quitten isst man, je nach Sorte, frisch, als Kompott, als Marmelade und in Sirup gekocht als Süßspeise. Die aromatischen Früchte verändern ihre Farbe bei längerem Erhitzen von Gelb zu Dunkelrot.

Wasser-, Zucker und Netzmelonen *(karpuz ve kavun)*
Melonen sind, gut gekühlt, eine willkommene Erfrischung im Sommer. Aus der Schale der Wassermelonen stellt man eine wohlschmeckende Marmelade her.

Weintrauben *(üzüm)*
Weintrauben gedeihen in der Türkei ausnehmend gut. Sie werden frisch gegessen oder zu Wein, Rosinen und Traubensirup, der als Süßungsmittel dient, verarbeitet. *Kuş üzümü* (»Vogelkorinthen«), eine spezielle Sorte dunkelroter kleiner Rosinen, werden zum Würzen von Reisfüllungen, beispielsweise für gefüllte Weinblätter, verwendet.

Zitrusfrüchte *(turunçgiller)*
Zitrusfrüchte gedeihen in der Türkei an vielen Orten, vor allem aber in der Mittelmeerregion. Orangen und Mandarinen werden frisch gegessen, Zitronen hauptsächlich zum Würzen verwendet. Aus der Schale von Pomeranzen (Bitterorangen) macht man Marmelade.

Nüsse und Samen *(kuruyemiş)*

Haselnüsse *(fındık)*
Die Türkei ist der größte Haselnussproduzent der Welt. Die knackigen Kerne des Haselnussstrauches gedeihen im feucht-milden Klima am Schwarzen Meer besonders gut. Man isst sie hauptsächlich geröstet als Snack oder verwendet sie für süße Speisen.

Pistazien *(antep fıstığı)*
Pistazien heißen in der Türkei auch »Gaziantep-Nuss«, nach ihrem Hauptanbaugebiet Gaziantep im Südosten der Türkei. Die grünen Samen haben einen kräftigen, nussartigen Geschmack und sind von einer harten Schale umgeben. Mit geriebenen Pistazien werden Süßspeisen verziert und Baklavafüllungen hergestellt. Ungeschälte, geröstete Pistazien sind ein beliebter Snack.

Pinienkerne *(çam fıstığı)*
Pinienkerne sind die Samen des Pinienbaumes, der im Mittelmeerraum weit verbreitet ist und in der Türkei vor allem an der Mittelmeerküste und am Bafasee wächst. Die weißen, flachen Kerne sitzen in den Zapfen der Kiefernart. Sie werden vor allem zum Verfeinern von Reisfüllungen und Reisgerichten verwendet.

Walnüsse *(ceviz)*
Walnussbäume gehören zu den ältesten kultivierten Bäumen. Die Nüsse werden hauptsächlich für Süßspeisen wie Baklava und zum Backen verwendet, kommen aber auch bei der Zubereitung von Würzpasten zum Einsatz.

Sonnenblumen- und Kürbiskerne *(ayçekirdeği ve kabakçekirdeği)*
Die Kerne der Sonnenblumen und von Kürbissen werden mit den Schalen geröstet und als beliebte Snacks verspeist.

Sesam *(susam)*
Die nussig schmeckenden kleinen Samen der Sesampflanze sind eine unentbehrliche Zutat für Sesamkringel und andere türkische Backwaren. Ungeschälter, brauner Sesam enthält mehr wertvolle Inhaltsstoffe als geschälter, weißer Sesam, daher sollte ihm der Vorzug gegeben werden.

Sesampaste (Tahin) aus gemahlenen, gerösteten oder ungerösteten Sesamkörnern gibt Vorspeisen wie den Kichererbsen-Zwiebel-Bällchen und verschiedenen Nachspeisen seinen besonderen Geschmack. »Winterhelva« wird aus gemahlenem Sesam, Zucker und verschiedenen Aromen zubereitet und als Fertigprodukt verkauft.

Kräuter und Gewürze *(bitkiler ve baharatlar)*

Bockshornkleesamen *(çemen otu)*
Die Samen des Bockshornklees schmecken leicht bitter und würzig. Sie werden trocken geröstet, um die Bitterkeit zu reduzieren und das volle Aroma zu entfalten, bevor sie als ganze Körner oder vermahlen verwendet werden, z. B. für würzige Pasten.

Dill *(dereotu)*
Dill wird ähnlich wie glatte Petersilie verwendet. Klein gehackt ist frischer Dill unverzichtbare Zutat für ausgebackene Zucchiniküchlein. Auch zum Abschmecken von Olivenölgerichten und Vorspeisen wie Selleriesalat werden die fein gefiederten, aromatischen Blättchen gern genommen.

Felsenkirsche *(mahlep)*
Mahlep wird aus dem geriebenen Kern der Felsenkirsche (Steinweichsel), die im östlichen Mittelmeerraum heimisch ist, hergestellt. Es wird vor allem zum Würzen von Gebäck, z. B. für Sesamkringel, verwendet.

Flockenpaprika *(pul biber)*
Das Würzmittel wird aus getrockneten und grob zerkleinerten, scharfen roten Paprikaschoten, die im Südosten der Türkei angebaut werden, hergestellt. Vor allem im Südosten der Türkei, wo gerne scharf gegessen wird, würzt man oft mit den Paprikaflocken. Hierzulande bekommt man Flockenpaprika in türkischen Lebensmittelgeschäften. Ersatzweise kann auch rosenscharfes Paprikapulver verwendet werden.

Glatte Petersilie *(maydanoz)*
Klein gehackte, frische Petersilie verleiht vielen Olivenölgerichten den letzten Schliff. Sie ist außerdem ein wichtiger Bestandteil vieler Reismischungen für gefüllte Gemüse. Petersilienstängel werden auch gerne zusammen mit Gemüse für den Winter milchsauer eingelegt.

Kreuzkümmel *(kimyon)*
Kreuzkümmel (Cumin) ähnelt im Aussehen dem hierzulande gebräuchlichen Kümmel, schmeckt aber völlig anders. Er verleiht orientalischen Gerichten ihr typisches Aroma. Hauptanbaugebiete liegen in Indien und Zentralasien, aber auch in der Türkei wird Kreuzkümmel produziert.

Minze *(nane)*
Nane-Minze (Krause Minze) kann man frisch oder getrocknet verwenden und damit z. B. die Reismischung für gefüllte Gemüse würzen. Getrocknete, zerriebene und in Butter oder Öl angebratene Minze träufelt man über Tscherkessische Ravioli und Suppen. Frische Minzeblätter, die man

zusammen mit Rauke, Brunnenkresse, Petersilie und Frühlingszwiebeln anrichtet, sind eine erfrischende Beilage im Sommer.

Schwarzkümmel *(çörekotu)*

Schwarzkümmel (Nigella), der in seiner Form den Sesamkörnern ähnelt, ist ein beliebtes Gewürz für Fladenbrote oder Börek. Außer in der Türkei werden die schwarzen Samen vor allem in Indien und Ägypten produziert. Er sollte nicht mit schwarzem Kreuzkümmel verwechselt werden.

Sumach *(sumak)*

Die roten, getrockneten Beeren des Gerbersumachbaumes haben ein fruchtiges, säuerliches Aroma. In gemahlener Form werden sie für Vorspeisen wie die scharfe Gemüsepaste, für Salate oder auch als Tischwürze verwendet. Der Sumachbaum wird außer in der Türkei auch auf Sizilien und in Syrien angebaut.

Öle, Fette und Milchprodukte *(yağlar ve süt ürünleri)*

Butter *(tereyağı)*

Butter genießt in der Türkei unter den Fetten den höchsten Stellenwert. Sie wird für Reis- und Bulgurgerichte verwendet oder für Süßspeisen wie Baklava und Helva. Als Alternative wird häufig auch Margarine gebraucht. Wenn Sie für die Rezepte ab Seite 31 ebenfalls statt der Butter lieber Margarine verwenden möchten, sollten Sie hochwertige Pflanzenmargarine, die weder gehärtete noch umgeesterte Fette enthält, bevorzugen.

Pflanzenöle *(bitkisel yağlar)*

An der Ägäisküste bevorzugt man zum Kochen Olivenöl. Es ist eine unentbehrliche Zutat für alle Olivenölgerichte, aber auch für viele Salate und Vorspeisen. Um das Öl zu gewinnen, werden die Oliven entweder von Hand gepflückt oder mit Stöcken von den Bäumen geschlagen und in Netzen aufgefangen. In der Ölmühle werden sie zu Brei vermahlen und gepresst, das Öl wird aufgefangen. Entscheidend für die Qualität des Olivenöls ist der Gehalt an freien Fettsäuren; hier gilt: je geringer, desto besser! Nehmen Sie zum Anrichten von Salaten und Vorspeisen sowie zum Garnieren von

Olivenölgerichten möglichst ein natives Olivenöl mit geringem Säuregehalt (»extra«). Es heißt, die besten türkischen Olivenöle kommen von den Gänsebergen am Golf von Edremit und aus Ayvalık an der Ägäisküste, dem größten Olivenanbaugebiet der Türkei.

Sonnenblumen- oder Maiskeimöl wird in der Türkei als günstigere Alternative zu Olivenöl verwendet, bevorzugt in Regionen, in denen verstärkt Sonnenblumen angebaut werden, z. B. in Thrakien. In der Schwarzmeerregion verwendet man auch gerne Haselnussöl.

Milchprodukte *(süt ürünleri)*

In der Türkei wird vor allem Naturjoghurt ohne Zusatz von Früchten und Aromastoffen konsumiert, der hauptsächlich aus Kuhmilch, aber auch aus der Schaf- und Ziegenmilch gewonnen wird. Zum Kochen von Suppen nimmt man am besten Joghurt mit einem Fettgehalt von 3,5 Prozent. Für Vorspeisen wie Spinat in Joghurt ist Joghurt mit zehnprozentigem Fettgehalt vorzuziehen.

Etwa zwei Drittel der in der Türkei produzierten Milch wird für die Joghurt- und Käseproduktion verwendet. Mehr als 100 verschiedene Sorten von Schafs-, Ziegen- und Kuhmilchkäse werden landesweit produziert. Neben dem beliebten Weißkäse aus Schafs- oder Kuhmilch werden regional ganz unterschiedliche Käsesorten hergestellt, z. B. Schnittkäse, der dem schweizerischen Emmentaler ähnelt oder ein spezieller Blauschimmelkäse aus Konya. In der Osttürkei wird ein besonderer Kräuterkäse *(otlu peynir)* aus Schafsmilch und etwa 25 wilden Bergkräutern, beispielsweise wilder Knoblauch, Nane-Minze und Thymian, hergestellt. Die Kräuter werden im Frühjahr in den Bergen und auf Almen gesammelt.

Hinweise zu den Rezepten

Mengenangaben

Soweit nicht anders angegeben, sind die Rezepte für vier Personen berechnet. Dabei wurde, wie in der Türkei üblich, angenommen, dass mehrere Speisen auf dem Tisch stehen sollen. Servieren Sie eine Vorspeise vor einem Hauptgericht, dann reichen die angegebenen Mengen für vier Personen. Bietet man seinen Gästen hingegen »nur« eine Vorspeisentafel, dann sollte man pro Person schon mindestens die doppelte Menge eines Vorspeisenrezeptes rechnen. Dazu kommen dann natürlich noch Brot, Oliven, eventuell Salat, Käse und Rakı. Generell gilt: Lieber zu viel als zu wenig kochen!

Verwendete Abkürzungen

EL = Esslöffel
TL = Teelöffel
MSP = Messerspitze

Vollkornprodukte

In der Türkei wird vorwiegend mit Weißmehlprodukten und geschältem Reis gekocht. Die Gerichte können aber auch mit Vollkornmehl, Vollkornnudeln und ungeschältem Reis zubereitet werden. Entscheiden Sie bei den Rezepten ab Seite 31 bitte für sich selbst, womit Sie kochen und backen möchten.

Süßungsmittel

Zum Süßen wird in der türkischen Küche traditionell hauptsächlich weißer Zucker verwendet. Dieser wird in den Rezepten auch so angegeben, um möglichst die Authentizität der Gerichte zu erhalten. Entscheiden Sie sich für die Art der Süße, die Ihrem Geschmack am besten entspricht. Sie können für die Rezepte auch Süßungsmittel auf der Basis von Voll- oder Roh-Rohrzucker verwenden oder bei einzelnen Rezepten weniger süßen.

Menge der Gewürze

Die Angaben zur Menge der verwendeten Gewürze sind Durchschnittswerte. Prüfen Sie bitte im Einzelfall, was Ihnen schmeckt und bekommt und wie viel Sie verwenden möchten.

Vorspeisen
Mezeler

Türkische Vorspeisen einfach nur als »Appetithäppchen« zu be-
schreiben, wird der Fülle des Angebotes bei weitem nicht gerecht.
Bereits hier zeigt sich die große Vielfalt der türkischen Küche. Kalte
und warme Köstlichkeiten werden auf kleinen Tellern oder Schüsseln
angerichtet und mit grünen Oliven, Schafskäse und frischem Brot auf
den Tisch gestellt. Jeder kann sich davon bedienen – aber Vorsicht!
Wer allzu beherzt zugreift, ist längst satt, bis das Hauptgericht serviert
wird.

Sellerie mit Joghurt und Walnüssen
Yoğurtlu Kereviz

3 Knoblauchzehen
1 Bund Dill
250 g Joghurt (mindestens 3,5 % Fett, besser noch 10 %)
Meersalz
schwarzer Pfeffer
1 Sellerieknolle
1 Hand voll gehackte Walnüsse

◆ Die Knoblauchzehen schälen und fein hacken.
◆ Den Dill waschen und fein hacken.
◆ Joghurt mit gehacktem Knoblauch und Dill verrühren, mit Meersalz und Pfeffer abschmecken.
◆ Die Sellerieknolle schälen, grob reiben und zusammen mit den gehackten Walnüssen zum Joghurt geben.
◆ An einem kühlen Ort mindestens zwei Stunden durchziehen lassen.

Russischer Salat
Rus Salatası

2 Möhren
2 Kartoffeln
1 Hand voll Erbsen
2 Gewürzgurken
250 g Joghurt
1 Becher Schmand
  oder Crème fraîche
6 EL Mayonnaise
Meersalz
schwarzer Pfeffer

♦ Die Möhren und Kartoffeln waschen, schälen und in feine Würfel (etwa fünf Millimeter groß) schneiden.
♦ Das Gemüse in wenig Wasser weich dünsten und abkühlen lassen.
♦ Die Erbsen separat in etwas Wasser garen.
♦ Die Gewürzgurken klein würfeln.
♦ Den Joghurt mit Schmand, Mayonnaise, etwas Meersalz und Pfeffer verrühren.
♦ Möhren, Kartoffeln und Erbsen zur Salatsauce geben und unterheben.
♦ Den Salat vor dem Servieren mindestens zwei Stunden durchziehen lassen.

Joghurtsauce

ıç

500 g Möhren
4 EL Olivenöl
3 Knoblauchzehen
1 Bund Dill
250 g Joghurt (mindestens 3,5% Fett, besser noch 10 %)
Meersalz
schwarzer Pfeffer

♦ Die Möhren waschen, putzen und grob raspeln.
♦ Die geraspelten Möhren in einem Topf im Olivenöl anschwitzen, einige Minuten dünsten und dann abkühlen lassen.
♦ Die Knoblauchzehen schälen und fein hacken.
♦ Den Dill waschen und fein hacken.
♦ Den Joghurt mit Knoblauch, Dill und Möhren verrühren und mit Meersalz und Pfeffer abschmecken.
♦ Mindestens zwei Stunden an einem kühlen Ort durchziehen lassen.

Ein besonderes kulinarisches Erlebnis ist die Mezetafel. Diese besteht aus unzähligen kleinen Vorspeisen. Neben Salaten, Oliven, Käse, Brot sowie gerösteten und gesalzenen Nüssen gibt es würzige Pasten, gefüllte Gemüse und warme Pastetchen in allen erdenklichen Variationen. Dazu trinkt man Rakı, starken Anisschnaps, der mit Eis serviert und mit Wasser verdünnt wird. Im Vordergrund steht nicht das Trinken, sondern die Geselligkeit, und so kann sich solch ein Mezeabend schon einmal über mehrere Stunden hinziehen. Die Tradition der Rakı- und Mezetafel stammt aus dem Südosten des Landes. In dieser Region lebten vormals viele Christen, die die Mezekultur pflegten.

Kalter Sommergemüseeintopf
Şakşuka

2 kleine Auberginen
1 rote Paprikaschote
4 grüne Spitzpaprika
2 Tomaten
4 Knoblauchzehen
100 ml Olivenöl
Meersalz
½ Bund glatte Petersilie

♦ Die Auberginen waschen, Stielansätze entfernen und die Haut jeweils streifenförmig abschälen. Die Auberginen in zwei Zentimeter breite Würfel schneiden.
♦ Die Paprikaschoten waschen, Stielansätze und Kerne entfernen. Die Paprika in zwei Zentimeter breite Rauten schneiden.
♦ Tomaten waschen und Stielansätze entfernen. Die Tomaten würfeln.
♦ Die Knoblauchzehen schälen und grob hacken.
♦ In einer großen Pfanne sechs Esslöffel Olivenöl erhitzen, die Auberginenwürfel darin scharf anbraten. Knoblauch, Paprika und Tomaten hinzufügen und zusammen weiterdünsten.
♦ Den Gemüseeintopf mit Meersalz abschmecken und erkalten lassen.
♦ Die Petersilie waschen und grob hacken.
♦ Das Gemüse mit dem restlichen Olivenöl (etwa vier Esslöffel) begießen und mit Petersilie bestreut servieren.

Mangold in Joghurt
Pazı Boranisi

500 g Mangold
2 Zwiebeln
4 Knoblauchzehen
4 EL Olivenöl
250 g Joghurt (mindestens 3,5% Fett, besser 10%)
Meersalz
schwarzer Pfeffer

♦ Den Mangold putzen, waschen, Blätter und Stiele trennen und separat grob hacken.
♦ Die Zwiebeln schälen, halbieren und in halbmondförmige Ringe schneiden.
♦ Die Knoblauchzehen schälen und fein hacken.
♦ Die Zwiebelstreifen und die Hälfte des gehackten Knoblauchs in einem Topf im Olivenöl glasig dünsten.
♦ Zunächst die gehackten Mangoldstiele hinzufügen, einige Minuten später dann auch die gehackten Mangoldblätter. Bitte keinen Deckel auf den Topf legen, da sich der Mangold sonst bräunlich verfärbt. Den Mangold weich dünsten und anschließend erkalten lassen.
♦ Den Joghurt mit Meersalz, schwarzem Pfeffer und dem restlichen Knoblauch verrühren.
♦ Den Mangold unter den Joghurt heben. Mindestens 60 Minuten an einem kühlen Ort durchziehen lassen und kalt servieren.

Geröstete Auberginen in Joghurt
Patlıcan Boranisi

2 Auberginen
300 g Joghurt (mindestens 3,5 % Fett, besser 10%)
3 Knoblauchzehen
Meersalz
schwarzer Pfeffer

◆ Die Auberginen auf dem Grill oder im vorgeheizten Backofen bei
  200 °C etwa 20 Minuten rösten, bis das Fruchtfleisch gar ist und die
  Häute Blasen werfen.
◆ Die Auberginen schälen und das Fruchtfleisch ganz fein hacken.
◆ Die Knoblauchzehen schälen und hacken.
◆ Den gehackten Knoblauch mit Joghurt, Meersalz und schwarzem
  Pfeffer verrühren.
◆ Die gehackten Auberginen zum Joghurt geben und unterrühren.
  Mindestens 60 Minuten an einem kühlen Ort durchziehen lassen.

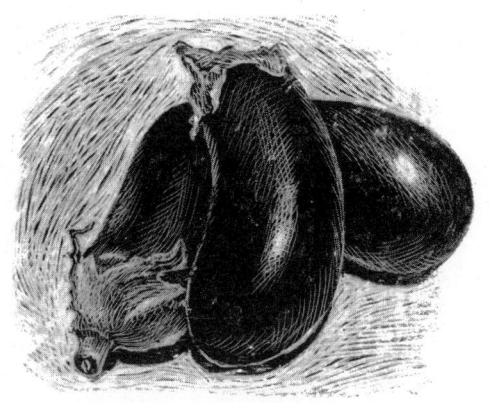

Eingelegte rote Paprika
Közlenmiş Biber

1 kg rote Spitzpaprika
10 Knoblauchzehen
etwa ¼ l Olivenöl
1 großes Schraubglas

♦ Die Paprikaschoten waschen, abtrocknen, auf ein Backblech legen
  und im vorgeheizten Backofen bei 150 °C rösten, bis das Fleisch
  der Paprika weich wird und die Häute Blasen werfen.
♦ Die Schoten mit einem feuchten Tuch abdecken und 30 Minuten
  ruhen lassen.
♦ Die Knoblauchzehen schälen und in feine Scheiben schneiden.
♦ Die Häute der Paprika abziehen und jeweils alle Stielansätze und Kerne
  aus den Schoten entfernen.
♦ Die Paprikaschoten und die Knoblauchscheibchen abwechselnd in ein
  großes, heiß ausgespültes Schraubglas schichten.
♦ Mit Olivenöl auffüllen. Darauf achten, dass die Paprika ganz mit
  Olivenöl bedeckt sind.
♦ Das Glas gut verschließen und die eingelegten Paprika in den Kühl-
  schrank stellen.
♦ Einige Tage durchziehen lassen.

Spinat in Joghurt
Ispanak Boranisi

1 kg Blattspinat
2 Zwiebeln
4 Knoblauchzehen
4 EL Olivenöl
250 g Joghurt (mindestens 3,5 % Fett, besser 10%)
Meersalz
schwarzer Pfeffer

◆ Den Spinat putzen, waschen und grob hacken.
◆ Die Zwiebeln schälen und in halbmondförmige Streifen schneiden.
◆ Die Knoblauchzehen schälen und fein hacken.
◆ Zwiebeln und die Hälfte des Knoblauchs in einem Topf im Olivenöl glasig dünsten.
◆ Den Spinat hinzufügen, weich dünsten und erkalten lassen. Bitte keinen Deckel auf den Topf legen, da sich der Spinat sonst verfärbt.
◆ Den Joghurt in einer Schüssel mit etwas Meersalz, schwarzem Pfeffer und dem restlichen Knoblauch verrühren.
◆ Den gedünsteten Spinat unter den Joghurt rühren.
◆ Mindestens 60 Minuten an einem kühlen Ort durchziehen lassen. Kalt servieren.

Püree aus Dicken Bohnen
Fava

1 Zwiebel
10 EL Olivenöl
400 g gekochte Dicke Bohnenkerne
Meersalz
Zucker
1 unbehandelte Zitrone
½ Bund glatte Petersilie

◆ Die Zwiebel schälen, fein hacken und in einem Topf in vier Esslöffel
   Olivenöl glasig dünsten.
◆ Die gekochten Dicken Bohnen, etwas Meersalz und Zucker dazugeben
   und kurz unterrühren.
◆ Die Bohnen pürieren und mit Salz abschmecken.
◆ Die Zitrone in acht Schnitze schneiden.
◆ Die Petersilie waschen und fein hacken.
◆ Das Bohnenpüree in eine tiefe Schale geben, mit dem restlichen
   Olivenöl begießen und mit Petersilie und Zitronenschnitzen garnieren.

Meeresspargelsalat
Deniz Börülcesi

3 l Wasser
500 g Meeresspargel
Eiswasser
4 Knoblauchzehen
Saft von 1 Zitrone
6 EL Olivenöl

◆ In einem großen Topf das Wasser zum Kochen bringen.
◆ Den Meeresspargel putzen und gut waschen. Braune sowie erdige Stellen abschneiden.
◆ Meeresspargel fünf Minuten in kochendem Wasser blanchieren, dann sofort in Eiswasser abschrecken. Abtropfen lassen.
◆ Das grüne Meeresspargelfleisch von den Ästen ziehen und auf einem Teller anrichten.
◆ Die Knoblauchzehen schälen und fein hacken.
◆ Zitronensaft und Olivenöl verrühren, den Knoblauch dazugeben und alles über den Meeresspargel gießen.
◆ Sofort servieren.

Tipp: Meeresspargel *(Salicornia europaea)*, auch Salicorn oder Queller genannt, ist eine Salzpflanze, die unter anderem im Mittelmeerraum und in den Wattgebieten der Nordsee vorkommt. In der Türkei isst man die jungen grünen Triebe des Meeresspargels blanchiert und mit Knoblauch, Zitronensaft und Olivenöl angemacht oder mit Knoblauchjoghurt übergossen.

Tomatenpaste mit Bockshornklee
Çemen

2 Knoblauchzehen
½ TL Meersalz
150 g Tomatenmark
4 EL Olivenöl
2 EL Zitronensaft
1 TL gemahlene Bockshornkleesamen
1 TL Kreuzkümmelpulver
4 EL grob gehackte Walnüsse
1 TL Flockenpaprika
   ersatzweise Paprikpulver, rosenscharf

♦ Die Knoblauchzehen schälen, hacken und mit dem Salz fein zerdrücken.
♦ Mit dem Tomatenmark, dem Öl, dem Zitronensaft, den Gewürzen und den gehackten Walnüssen gut verrühren.
♦ Die Paste mit Brot servieren.

Nach dem Essen lobt man den Koch oder die Köchin mit den Worten »ellerinize sağlık« (oder, falls man sich duzt, »ellerine sağlık«). Wörtlich übersetzt bedeutet dies »Gesundheit Ihren (bzw. Deinen) Händen«. Die Hände des Kochs oder der Köchin sollen gesund bleiben, damit er oder sie weiterhin so gut kochen möge.

Würzpaste aus Brot, Walnüssen und Knoblauch
Tarator

1 altbackenes Brötchen (vom Vortag)
1 Knoblauchzehe
75 g Walnüsse
2 EL Olivenöl
Saft von 1 Zitrone
Meersalz
schwarzer Pfeffer

◆ Brötchen in Würfel schneiden, mit etwas heißem Wasser übergießen und 30 Minuten durchziehen lassen.
◆ Knoblauchzehe schälen und zusammen mit den Walnusskernen im Mörser fein zerstoßen.
◆ Walnüsse und Knoblauch zusammen mit Olivenöl, Zitronensaft, Salz und schwarzem Pfeffer zum eingeweichten Brötchen geben und alles gut miteinander verkneten.
◆ Die Paste 30 Minuten an einem kühlen Ort ruhen lassen und kalt servieren.

Kichererbsen-Zwiebel-Bällchen
Topik

125 g Kichererbsen
Wasser zum Einweichen und Kochen
250 g Zwiebeln
½ l Wasser
Meersalz
¼ l Wasser
4 EL (75 g) Sesampaste (Tahin)
½ Bund glatte Petersilie
2 EL kleine türkische Rosinen (Kuş üzümü)
   ersatzweise Sultaninen
2 EL Pinienkerne
¼ TL schwarzer Pfeffer
¼ TL Zimtpulver
¼ TL Gewürznelkenpulver
1 TL Zucker
4 Kochservietten
Kochschnur
Zimtpulver zum Bestreuen
3 l Wasser

- ◆ Kichererbsen über Nacht in reichlich Wasser einweichen.
- ◆ Zwiebeln schälen, halbieren und in halbmondförmige Streifen schneiden.
- ◆ Die Zwiebelstreifen in einem kleinen Topf mit dem Wasser und etwas Salz zum Kochen bringen und 15 Minuten weich kochen. Anschließend die Zwiebeln abgießen, abkühlen lassen und ausdrücken. Das Zwiebelwasser dabei auffangen.
- ◆ Die eingeweichten Kichererbsen mit frischem Wasser aufsetzen und etwa 45 Minuten weich kochen, abgießen und pürieren.
- ◆ Das Kichererbsenpüree mit einem Esslöffel Sesampaste und einer Prise Salz vermischen und gut verkneten.
- ◆ Die Petersilie waschen und fein hacken.

◆ Die restliche Sesampaste mit den Zwiebeln, der gehackten Petersilie, den Rosinen und Pinienkernen verrühren und mit Meersalz, schwarzem Pfeffer, Zimt, Gewürznelken und Zucker würzen.

◆ Die Kochservietten anfeuchten und auf einem Tisch auslegen.

◆ Die Kichererbsenpaste vierteln und zu Kugeln formen. Auf jede Serviette eine Kugel setzen und zu einem Kreis von 15 Zentimeter Durchmesser ausrollen. Darauf die Zwiebelmischung geben, zum Rand hin etwas Platz lassen. Die Servietten an den Enden zusammennehmen und wie einen Knödel leicht zusammendrücken. Mit der Kochschnur zusammenbinden.

◆ In einem breiten Topf das Wasser mit etwas Salz zum Kochen bringen. Dann die Temperatur reduzieren, bis das Wasser nur mehr siedet und die Serviettenknödel (eventuell an einem Kochlöffelstiel) hineinhängen.

◆ Die Kichererbsenbällchen 20 – 30 Minuten ziehen lassen. Dann herausnehmen und in dem aufgefangenen Zwiebelwasser abkühlen lassen. Die Schnüre entfernen und die Kichererbsen-Zwiebel-Bällchen vorsichtig aus den Servietten lösen.

◆ Die Bällchen zum Servieren auf Teller legen und leicht mit Zimt bestreuen.

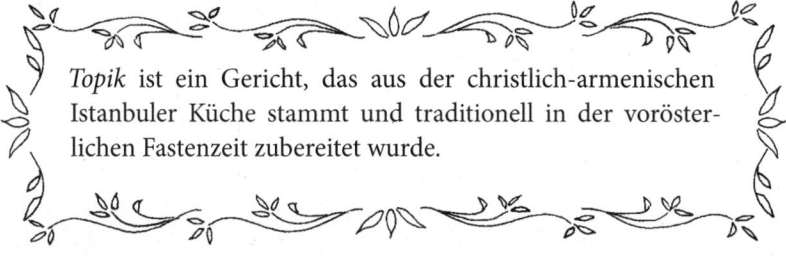

Topik ist ein Gericht, das aus der christlich-armenischen Istanbuler Küche stammt und traditionell in der vorösterlichen Fastenzeit zubereitet wurde.

Börek in Zigarrenform
Sigara Böreği

2 Yufka-Teigblätter (Rezept siehe Seite 118)
150 g Schafskäse
½ Bund glatte Petersilie
Öl zum Ausbacken

◆ Die Yufka-Teigblätter aufeinanderlegen und in jeweils acht »Torten-
  stücke« schneiden.
◆ Den Schafskäse mit einer Gabel zerdrücken.
◆ Die Petersilie waschen, fein hacken und unter den Schafskäse rühren.
◆ Auf das untere, breite Ende der Yufkastücke jeweils einen Teelöffel
  Schafskäsefüllung geben, die Seiten einklappen und den Teig wie eine
  Zigarre aufrollen. Die Teigenden mit leicht angefeuchteten Fingern
  zusammendrücken.
◆ In einer tiefen Pfanne oder einem Wok das Öl erhitzen. Die Zigarren-
  börek hineingeben und ausbacken. Auf Küchenpapier entfetten. Heiß
  servieren.

Tipp: Tauchen Sie vor dem Ausbacken der Börek den Stiel eines Holzkochlöffels in das Öl. Wenn kleine Bläschen aufsteigen, ist das Öl zum Frittieren
heiß genug. Wenn es schnell gehen soll, können Sie für die Börek Fertig-
teig verwenden. Vollwertiger wird es mit selbst gemachtem Vollkornteig von
Seite 118.

Gurke in Knoblauchjoghurt
Cacık

4 junge Knoblauchzehen
½ Bund Dill
1 kleine Salatgurke
500 g Joghurt (3,5 % Fett)
1 TL Meersalz
1 EL Olivenöl

◆ Die Knoblauchzehen schälen und fein hacken.
◆ Den Dill waschen und fein hacken.
◆ Die Salatgurke waschen und in kleine Würfel schneiden.
◆ Gehackten Dill, Knoblauch und Gurkenwürfelchen unter den Joghurt rühren.
◆ Mit etwas Salz abschmecken.
◆ Den Knoblauchjoghurt in vier Schälchen füllen und mit dem Olivenöl beträufeln.

Walnuss-Tomaten-Paste
Muhammara

100 g Walnüsse
6 EL Semmelbrösel
6 EL Tomatenmark
½ TL Meersalz
½ TL Kreuzkümmelpulver
1 TL Flockenpaprika
  ersatzweise ½ TL Paprikapulver, rosenscharf
Saft von ½ – 1 Zitrone
4 EL Olivenöl

♦ Die Walnüsse im Mörser fein zerreiben oder im Mixer der Küchen-
  maschine staubfein zerkleinern.
♦ Die Semmelbrösel und das Tomatenmark in eine Schüssel geben.
♦ Die Walnüsse hinzufügen und alles gründlich vermischen.
♦ Die Paste mit Meersalz, Kreuzkümmel und Flockenpaprika, Zitronen-
  saft und Olivenöl vermischen und gut abschmecken.

Scharfe Gemüsepaste mit Granatapfelsirup
Acılı Ezme

3 Tomaten
2 Zwiebeln
1 scharfe grüne Spitzpaprika
½ Bund glatte Petersilie
Saft von ½ Zitrone
2 EL saurer Granatapfelsirup
4 EL Olivenöl
1 TL gemahlener Sumach
½ TL Kreuzkümmelpulver
Meersalz
1 TL Flockenpaprika
   ersatzweise Paprikapulver, rosenscharf

♦ Tomaten kreuzweise einschneiden, mit heißem Wasser überbrühen und anschließend häuten. Die geschälten Tomaten fein würfeln.
♦ Die Zwiebeln schälen und fein hacken.
♦ Die Paprika waschen, vom Kerngehäuse befreien und fein würfeln.
♦ Die Petersilie waschen und sehr fein hacken.
♦ Tomaten, Zwiebeln, Paprika und Petersilie in einer Schüssel miteinander vermischen.
♦ Zitronensaft, Granatapfelsirup, Olivenöl, Sumach, Kreuzkümmel, Salz und Flockenpaprika gut verrühren.
♦ Die Sauce unter das Gemüse mischen und alles mit einer Gabel fein zerdrücken.
♦ Die Gemüsepaste auf einem Teller anrichten und sofort servieren.

Salate
Salatalar

Welcher Salat auf den Tisch kommt, bestimmt das tägliche Angebot auf dem Markt oder beim Gemüsehändler. Sonnengereifte Tomaten und Paprika können ebenso auf dem Speiseplan stehen wie frischer Portulak, Auberginen oder Zwiebeln. Aber auch Bohnen, Kartoffeln und Bulgur sind beliebte Zutaten für die Salatspezialitäten. Viel Wert wird auf die Qualität der Lebensmittel gelegt, auch bei den Zutaten fürs Dressing wie Olivenöl, Zitronensaft und saurem Granatapfelsirup.

Hirtensalat
Çoban Salatası

1 weiße Zwiebel
4 Tomaten
2 grüne Spitzpaprika
1 kleine Salatgurke
½ Bund glatte Petersilie
Saft von 1 Zitrone
4 EL Olivenöl
Meersalz

♦ Die Zwiebel schälen und in kleine Würfel (etwa einen Zentimeter groß) schneiden.
♦ Die Tomaten und Paprika waschen, Stielansätze entfernen und die Paprika entkernen. Die Salatgurke ebenfalls waschen.
♦ Tomaten, Paprika und Gurke in kleine Würfel (etwa einen Zentimeter groß) schneiden.
♦ Die Petersilie waschen und grob hacken.
♦ Die Zwiebel-, Tomaten-, Paprika- und Gurkenwürfel mit der gehackten Petersilie in einer Schüssel vermengen.
♦ Zitronensaft, Olivenöl und etwas Meersalz zu einer Sauce verrühren und über das Gemüse gießen.
♦ Den Salat vorsichtig vermischen und servieren.

Zwiebelsalat
Soğan Salatası

5 weiße Zwiebeln
Meersalz
1 TL gemahlener Sumach
1 TL Flockenpaprika
 ersatzweise Paprikapulver, rosenscharf
3 EL Olivenöl
1 Bund glatte Petersilie

◆ Die Zwiebeln schälen, halbieren und in halbmondförmige Ringe
  schneiden.
◆ Die Zwiebelringe mit Salz bestreuen, kurz kneten, fünf Minuten stehen
  lassen und unter fließendem Wasser abwaschen und gut ausdrücken.
◆ Das Sumachpulver und den Flockenpaprika über die Zwiebelringe
  streuen.
◆ Die Zwiebelringe mit dem Olivenöl beträufeln und noch einmal kurz
  kneten.
◆ Den Zwiebelsalat auf einer Platte oder einem Teller anrichten.
◆ Die Petersilie waschen, fein hacken und über den Salat streuen.

Tomatensalat mit Knoblauch
Sarımsaklı Domates Salatası

8 vollreife Tomaten
10 Knoblauchzehen
Meersalz
8 EL Olivenöl

◆ Die Tomaten waschen und in kleine Würfel schneiden.
◆ Die Knoblauchzehen schälen und fein hacken.
◆ Die Tomatenwürfel und den gehackten Knoblauch in einer Schüssel mischen.
◆ Den Salat mit Meersalz abschmecken und mit Olivenöl begießen.

Das Essen wird traditionell auf einem *sini* serviert. Das große, runde und oft schmuckvoll verzierte Tablett dient sowohl als Esstisch als auch als Arbeitsplatte.
Zum Essen wird ein großes Tuch auf dem Boden ausgebreitet und das *sini* – wahlweise auf ein zusammenklappbares Gestell, ein niedriges Tischchen, ein stabiles Kissen oder auch auf einen umgedrehten Topf platziert – in die Mitte gestellt. Vermutlich geht die Verwendung des *sini* auf alte nomadische Traditionen zurück. Ein leichtes, platzsparendes Tablett kann man gut transportieren und schnell auf- und abbauen. Ein massiver Tisch mit Stühlen wäre auf Wanderungen hingegen eher hinderlich. In alten türkischen Häusern gab es daher auch keine Esszimmer. Stattdessen wurden die Mahlzeiten im Hauptwohnraum des Hauses serviert. Selbst im Topkapi-Palast der osmanischen Sultane in Istanbul lebte diese Gepflogenheit fort.

Zwiebel-Bohnen-Salat
Piyaz

200 g weiße Bohnen
Wasser zum Einweichen und Kochen
4 weiße Zwiebeln
*   ersatzweise 1 Gemüsezwiebel für die mildere Variante*
Meersalz
1 Bund glatte Petersilie
Saft von 1 Zitrone
6 EL Olivenöl

- Die weißen Bohnen verlesen, über Nacht in reichlich Wasser einweichen.
- Am nächsten Tag abgießen, mit frischem Wasser ohne Salz zum Kochen bringen, etwa 60 Minuten bei mittlerer Temperatur gar kochen. Die Bohnen abgießen und abkühlen lassen.
- Die Zwiebeln schälen, halbieren und in halbmondförmige Ringe schneiden.
- Die Zwiebelringe in eine Schüssel geben, mit einem Teelöffel Salz bestreuen und verkneten. Die Zwiebeln gut ausdrücken.
- Die Petersilie waschen und grob hacken.
- Bohnen, Zwiebeln und Petersilie in eine Schüssel geben und vermischen.
- Den Salat mit Zitronensaft und Olivenöl vermischen und mit etwas Meersalz abschmecken.

Auberginensalat
Patlıcan Salatası

4 Auberginen
1 große Zwiebel
2 Tomaten
6 milde oder scharfe Spitzpaprika
3 Knoblauchzehen
1 Bund glatte Petersilie
Saft von 1 Zitrone
6 EL Olivenöl
Meersalz

◆ Die Auberginen auf dem Grill oder im vorgeheizten Backofen bei
   200 °C etwa 20 Minuten rösten, bis das Fruchtfleisch gar ist und die
   Häute Blasen werfen.
◆ Die gerösteten Auberginen schälen und das Fruchtfleisch fein hacken.
◆ Die Zwiebel schälen, halbieren und längs in Schiffchen schneiden.
◆ Tomaten und Paprika waschen, von Stielansätzen und Kerngehäusen
   befreien und klein schneiden.
◆ Die Knoblauchzehen schälen und fein hacken.
◆ Auberginen, Tomaten, Paprika, Zwiebeln und Knoblauch in einer
   Schüssel vermischen.
◆ Die Petersilie waschen, grob hacken und hinzufügen.
◆ Den Salat mit Zitronensaft und Olivenöl anrichten und mit Meersalz
   abschmecken.

Portulaksalat mit Knoblauchjoghurt
Yoğurtlu Semizotu

3 Hand voll Portulakblätter
3 Knoblauchzehen
150 g Joghurt (mindestens 3,5 % Fett, besser 10 %)
Meersalz
1 EL Olivenöl

♦ Die Portulakblätter waschen.
♦ Die Knoblauchzehen schälen, fein hacken und in einer Schüssel mit Joghurt und etwas Salz cremig rühren.
♦ Den Portulak unter den Knoblauchjoghurt rühren.
♦ Den Salat mit dem Olivenöl beträufeln und servieren.

Mungbohnensalat
Maş Fasulyesi Piyazı

150 g Mungbohnen
½ l Wasser
4 Frühlingszwiebeln
4 Knoblauchzehen
1 Bund glatte Petersilie
2 EL gehackte Walnüsse
Saft von 1 Zitrone
3 EL Olivenöl
Meersalz
1 TL Flockenpaprika
*   ersatzweise Paprikpulver, rosenscharf*

◆ Die Mungbohnen verlesen, waschen, mit dem Wasser in einem Topf
  zum Kochen bringen und bei mittlerer Temperatur etwa 40 Minuten
  weich kochen.
◆ Die Bohnen abgießen und abkühlen lassen.
◆ Die Frühlingszwiebeln putzen, waschen und in feine Ringe schneiden.
◆ Die Knoblauchzehen schälen und fein hacken.
◆ Petersilie waschen und ebenfalls fein hacken.
◆ Zwiebelringe, Knoblauch und Petersilie miteinander mischen.
◆ Die gekochten Mungbohnen und die gehackten Walnüsse dazugeben.
◆ Zitronensaft mit Olivenöl, etwas Salz und Flockenpaprika verrühren,
  über die Mungbohnen gießen und alles vorsichtig vermischen.
◆ Den Salat ein paar Minuten ziehen lassen und servieren.

Bulgursalat
Kısır

150 g feiner Bulgur
    ersatzweise Couscous
Meersalz
1 TL Tomatenmark
1 TL Paprikamark
200 ml kochendes Wasser
1 Zwiebel
4 Frühlingszwiebeln
3 milde oder scharfe Spitzpaprika
2 Tomaten
½ Bund Petersilie
½ Bund Dill
½ Bund Minze
Saft von ½ Zitrone
5 EL Olivenöl
2 EL saurer Granatapfelsirup
schwarzer Pfeffer

- In einer Schüssel den Bulgur mit etwas Meersalz, Tomaten- und Paprikamark verrühren.
- Den Bulgur mit dem kochenden Wasser übergießen. Die Schüssel abdecken und den Bulgur 30 Minuten quellen lassen.
- Die Zwiebel schälen und fein hacken.
- Frühlingszwiebeln waschen und in feine Ringe schneiden.
- Die Paprikaschoten entkernen, waschen und in dünne Ringe schneiden.
- Tomaten waschen, Stielansätze entfernen und die Tomaten in feine Würfel schneiden.
- Die Kräuter waschen und fein hacken.
- Den Bulgur mit Zwiebeln, Paprikaringen, gewürfelten Tomaten und fein gehackten Kräutern mischen.
- Zitronensaft, Granatapfelsirup und Olivenöl zu einer Sauce anrühren und über den Bulgur geben.
- Den Salat gut vermischen und mit schwarzem Pfeffer abschmecken.

Salat mit Walnüssen und Granatapfelsirup
Gâvurdağı Salatası

1 weiße Zwiebel
2 Tomaten
2 milde grüne Spitzpaprika
2 scharfe grüne Spitzpaprika
8 EL fein gehackte Walnüsse
Meersalz
schwarzer Pfeffer
Saft von ½ – 1 Zitrone
4 EL saurer Granatapfelsirup
4 EL Olivenöl

◆ Die Zwiebel schälen und grob hacken.
◆ Die Tomaten und die Paprika waschen und die Stielansätze entfernen.
◆ Die Tomaten in kleine Würfel schneiden.
◆ Die Paprika entkernen und in feine Ringe schneiden.
◆ In einer Schüssel die gehackte Zwiebel mit Tomatenwürfeln, Paprika-ringen und gehackten Walnüssen mischen.
◆ Das Gemüse mit etwas Meersalz und schwarzem Pfeffer würzen.
◆ Den Zitronensaft mit dem sauren Granatapfelsirup und dem Olivenöl zu einer Sauce verrühren.
◆ Den Salat vorsichtig mit der Sauce vermischen.

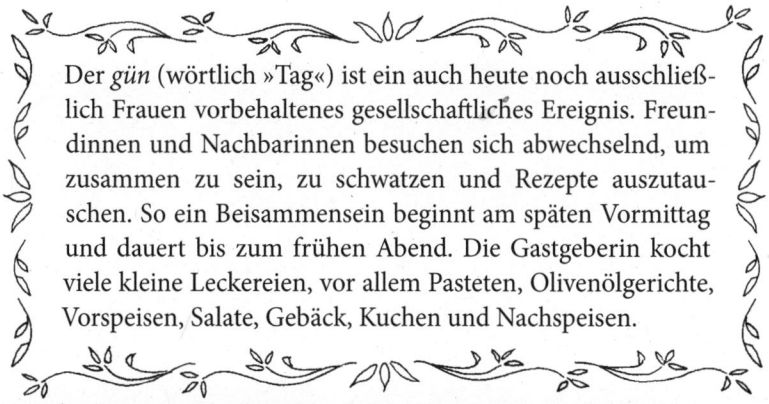

Der *gün* (wörtlich »Tag«) ist ein auch heute noch ausschließ-lich Frauen vorbehaltenes gesellschaftliches Ereignis. Freun-dinnen und Nachbarinnen besuchen sich abwechselnd, um zusammen zu sein, zu schwatzen und Rezepte auszutau-schen. So ein Beisammensein beginnt am späten Vormittag und dauert bis zum frühen Abend. Die Gastgeberin kocht viele kleine Leckereien, vor allem Pasteten, Olivenölgerichte, Vorspeisen, Salate, Gebäck, Kuchen und Nachspeisen.

Türkischer Kartoffelsalat
Patates Salatası

6 große Salatkartoffeln
2 weiße oder rote Zwiebeln
4 hart gekochte Eier
1 Bund glatte Petersilie
Saft von 2 Zitronen
8 – 10 EL Olivenöl
Meersalz

◆ Die Kartoffeln waschen, in der Schale mit Wasser aufsetzen, zum Kochen bringen und etwa 30 Minuten bei mittlerer Temperatur garen.
◆ Die Pellkartoffeln abschrecken, abkühlen lassen und schälen. Die Kartoffeln in kleine Würfel (etwa einen Zentimeter groß) schneiden.
◆ Die Zwiebeln schälen und ebenfalls in kleine Würfel (etwa einen Zentimeter groß) schneiden.
◆ Die Eier pellen, längs halbieren und grob würfeln.
◆ Die Petersilie waschen und grob hacken.
◆ In einer Schüssel Kartoffel-, Zwiebel- und Eierwürfel und die gehackte Petersilie vorsichtig mischen.
◆ Den Salat mit Zitronensaft und Olivenöl begießen und noch einmal vorsichtig vermischen.
◆ Den Kartoffelsalat mit Meersalz abschmecken und etwas durchziehen lassen.

Suppen
Çorbalar

Suppen sind in der ganzen Türkei beliebt, sie werden nicht nur als Teil eines Menüs gereicht, sondern auch solo zu allen Tages- und Nachtzeiten gegessen. Im Sommer schmecken kalte Joghurtsuppen, im Winter kräftig gewürzte Suppen mit Linsen und Kichererbsen. Und wenn es in der kalten Jahreszeit mal schnell gehen muss, gibt es statt Tütensuppe traditionell *Tarhana Çorbası* – ein ganz einfaches Gericht, das nach Sommer schmeckt!

Grüne Linsensuppe
Yeşil Mercimek Çorbası

200 g Tellerlinsen
Wasser zum Einweichen
2 Zwiebeln
2 EL Olivenöl
2 EL Weizenmehl
1 ½ l Gemüsebrühe
1 Hand voll Erişte (kurze türkische Nudeln)
    ersatzweise Faden- oder Buchstabennudeln
Meersalz
Saft von 1 Zitrone
4 EL Schmand
    oder Crème fraîche
getrocknete Minze

- Die Linsen verlesen, waschen und einige Stunden in reichlich kaltem Wasser einweichen.
- Die Zwiebeln schälen und fein hacken.
- Das Olivenöl in einem Topf erhitzen und die gehackten Zwiebeln darin anbraten.
- Das Mehl dazugeben und unter Rühren anschwitzen lassen.
- Die Gemüsebrühe langsam und unter ständigem Rühren dazugießen.
- Die Linsen über einem Sieb abgießen und in die Brühe geben.
- Den Topfdeckel auflegen und die Linsen bei mittlerer Temperatur etwa 45 Minuten garen.
- Zehn Minuten vor Ende der Garzeit die Nudeln hinzufügen und die Suppe weiterköcheln lassen.
- Zum Schluss die Suppe mit etwas Meersalz, Zitronensaft, Schmand oder Crème fraîche und zerriebener, getrockneter Minze würzen und fein abschmecken.

Joghurtsuppe
Yayla Çorbası

4 EL Rundkornreis
800 ml Wasser
200 g Joghurt
1 Ei
4 EL Weizenmehl
Meersalz
1 TL Flockenpaprika
   ersatzweise Paprikapulver, rosenscharf
2 EL Butter
1 EL getrocknete Minze

◆ Den Reis verlesen, waschen und über einem Sieb abtropfen lassen.
◆ Das Wasser in einem Topf zum Kochen bringen und den Reis darin bei schwacher Hitze etwa 20 Minuten weich kochen.
◆ In einer Schüssel den Joghurt mit dem Ei und dem Mehl gut verrühren.
◆ Mit etwas Reiskochwasser verdünnen und die Mischung langsam in die Reissuppe einrühren.
◆ Die Suppe wieder vorsichtig erhitzen, bis sie andickt.
◆ Mit etwas Salz abschmecken.
◆ In einer kleinen Pfanne den Flockenpaprika in der Butter anbraten.
◆ Die Suppe in Teller füllen, jeweils mit getrockneter, zerriebener Minze bestreuen und mit der Paprikabutter beträufeln.

Sommerliche kalte Joghurtsuppe
Katma Aşı

100 g Graupen
50 g Tellerlinsen
50 g Kichererbsen
Wasser zum Einweichen und Kochen
3 Knoblauchzehen
1 Bund Dill
500 g Joghurt (3,5 % Fett)
½ l Wasser
Meersalz
schwarzer Pfeffer
1 Salatgurke
einige Eiswürfel
2 EL Olivenöl
frische, gehackte oder getrocknete, zerriebene Minze

◆ Graupen, Tellerlinsen und Kichererbsen verlesen, waschen, separat über Nacht in reichlich Wasser einweichen.
◆ Am nächsten Tag die Graupen und die Hülsenfrüchte abgießen und getrennt mit frischem Wasser zum Kochen bringen. Die Graupen etwa 15 Minuten garen, die Hülsenfrüchte etwa 45 Minuten weich kochen.
◆ Den Knoblauch schälen und fein hacken.
◆ Den Dill waschen und ebenfalls fein hacken.
◆ Den Joghurt mit dem Wasser verrühren, mit Meersalz, schwarzem Pfeffer, Knoblauch und Dill würzen.
◆ Die Salatgurke waschen und in feine Würfel schneiden.
◆ Die Gurkenwürfel zusammen mit den gegarten Graupen, Tellerlinsen und Kichererbsen zur Joghurtsuppe geben und unterrühren.
◆ Suppe auf Teller verteilen, jeweils einige Eiswürfel hinzugeben.
◆ Die Suppe jeweils mit einem halben Esslöffel Olivenöl beträufeln und mit Minze bestreut servieren.

Tarhanasuppe
Tarhana Çorbası

6 EL Tarhanamehl
etwas Wasser
1 EL Tomatenmark
2 EL Olivenöl
1 l Wasser
Meersalz
Zitronensaft nach Belieben
getrocknete Minze

◆ Das Tarhanamehl in einen Topf geben, mit ein paar Esslöffeln kaltem
  Wasser übergießen, gut verrühren und dann 30 Minuten quellen lassen.
◆ Das Tomatenmark in einem Topf in dem Olivenöl anbraten.
◆ Das Wasser und das eingeweichte Tarhanamehl dazugeben. Unter
  ständigem Rühren zum Kochen bringen.
◆ Die Suppe köcheln lassen, bis sie andickt. Mit Salz abschmecken.
◆ Nach Geschmack mit Zitronensaft abschmecken und mit geriebener
  Minze bestreut servieren.

Tarhanamehl ist eine Mischung aus Joghurt, Mehl, Tomaten, Paprika und Zwiebeln. Zur Tomaten- und Paprikazeit im Spätsommer hackt man die Gemüse klein und verrührt sie mit Joghurt, Salz und Mehl zu einem festen Brei, den man anschließend gären lässt und dann auf große Leintücher gestrichen zum Trocknen in die Sonne legt. Anschließend zerreibt man das Gemisch zu stecknadelkopfgroßen Kügelchen und füllt das Tarhana für den Winter in Vorratssäckchen.

Tarhanamehl ist hierzulande in türkischen Lebensmittelgeschäften erhältlich.

Joghurtsuppe aus Kırşehir
Kırşehir Usulü Yoğurt Çorbası

150 g Graupen
50 g Tellerlinsen
50 g Kichererbsen
Wasser zum Einweichen und Kochen
1 Zwiebel
5 EL Butter oder Öl
1 Kartoffel
1 Aubergine
1 grüne Paprikaschote
2 Tomaten
250 g Joghurt (3,5 % Fett)
2 EL Weizenmehl
1 Ei
1 ¼ l Wasser
Meersalz
getrocknete Minze

♦ Graupen, Tellerlinsen und Kichererbsen verlesen, waschen, separat über Nacht in reichlich Wasser einweichen.
♦ Am nächsten Tag die Graupen und die Hülsenfrüchte abgießen und getrennt mit frischem Wasser zum Kochen bringen. Die Graupen etwa 15 Minuten garen, die Hülsenfrüchte etwa 45 Minuten weich kochen.
♦ Die Zwiebel schälen, halbieren, längs in Schiffchen schneiden und in zwei Esslöffel Butter oder Öl anbraten.
♦ Die Kartoffel schälen und waschen. Aubergine, Paprika und Tomaten waschen und von den Stielansätzen befreien. Die Paprika entkernen. Das Gemüse in kleine Würfel (etwa einen Zentimeter groß) schneiden.
♦ Den Joghurt mit dem Mehl, dem Ei und zwei Esslöffel geschmolzener Butter oder Öl verrühren.
♦ Das Wasser in einen Topf gießen, die Joghurtmischung dazugeben und gut verrühren.
♦ Die gekochten Graupen, Tellerlinsen und Kichererbsen ebenfalls dazugeben und unterrühren.

♦ Die Suppe aufkochen, dann die Gemüsewürfel und die angebratene
  Zwiebel dazugeben und unter gelegentlichem Umrühren
  25 – 30 Minuten garen. Mit Meersalz abschmecken.
♦ In einer kleinen Pfanne etwas zerriebene, getrocknete Minze kurz in
  der restlichen Butter oder dem Öl anbraten.
♦ Die Suppe auf Teller verteilen, jeweils mit der Minzebutter beträufeln
  und servieren.

Suppe aus roten Linsen
Mercimek Çorbası

1 Zwiebel
1 Knoblauchzehe
2 EL Butter oder Olivenöl
1 Möhre
1 grüne Paprikaschote
1 Kartoffel
150 g rote Linsen
½ TL Kreuzkümmel
1 TL Tomatenmark
1 ½ l Wasser
Meersalz
Zitronensaft
getrocknete Minze
Flockenpaprika
    ersatzweise Paprikapulver, rosenscharf

♦ Zwiebel und Knoblauchzehe schälen, grob hacken und in einem Topf
  in der Butter oder dem Öl glasig dünsten.
♦ Die Möhre, die Paprika und die Kartoffel gut waschen. Die Möhre
  putzen, Kartoffel schälen, Paprika entkernen und den Stielansatz ent-
  fernen. Das Gemüse grob würfeln.
♦ Die Linsen verlesen, waschen, gut abtropfen lassen und zusammen mit
  dem zerstoßenen Kreuzkümmel und dem Tomatenmark zu den Zwiebeln und dem Knoblauch in den Topf geben und eine Minute anbraten.
♦ Die Gemüsewürfel hinzufügen, mit dem Wasser aufgießen und die
  Suppe mit etwas Meersalz würzen.
♦ Linsen und Gemüse etwa 30 Minuten bei niedriger Temperatur garen.
♦ Die Suppe mit dem Pürierstab pürieren und mit Zitronensaft und Salz
  abschmecken.
♦ Die Linsensuppe auf Suppenteller verteilen und mit getrockneter,
  zerriebener Minze und etwas Flockenpaprika bestreut servieren.

Tipp: Man kann diese Suppe auch mit gelben Linsen zubereiten.

Olivenölgerichte
Zeytinyağlılar

Hochwertiges, natives Olivenöl und frisches Gemüse vom Wochen-
markt sind die wichtigsten Zutaten für die vielfältigen Olivenölgerichte.
Sparsam eingesetzte Gewürze, gehackte Petersilie oder Dill und Zitronensaft runden den Geschmack der heiß geliebten und stets kalt
gegessenen Köstlichkeiten ab. Auch gefüllte Weinblätter oder Paprika
werden vor allem in den Sommermonaten gerne kalt mit einer Extra-
portion Olivenöl serviert.

Topinambur in Olivenöl
Zeytinyağlı Yer Elması

1 Zwiebel
6 EL Olivenöl
1 Möhre
1 kg Topinambur
2 EL Rundkornreis
Saft von ½ Zitrone
Meersalz
6 EL gehackter Dill

♦ Die Zwiebel schälen, hacken und in einem Topf in drei Esslöffel Olivenöl andünsten.
♦ Die Möhre waschen, schälen, längs halbieren, in Scheiben schneiden und zu den Zwiebeln geben. Einige Minuten weiterdünsten.
♦ Die Topinambur waschen, schälen und in walnussgroße Stücke schneiden.
♦ Die Topinambur zusammen mit dem gewaschenen Reis, Zitronensaft und etwas Salz in den Topf geben und etwa 20 Minuten garen.
♦ Das Gemüse abschmecken und dann erkalten lassen.
♦ Die Topinambur mit vier Esslöffel gehacktem Dill vermischen und mit dem restlichen Dill garnieren. Mit dem restlichen Olivenöl beträufelt servieren.

Tipp: Topinambur gehört zur Familie der Sonnenblumen. Die Pflanze erfreut im Garten mit attraktiven, dottergelben Blüten und in der Küche mit wohlschmeckenden Knollen, die roh in Salaten oder gekocht verwendet werden können. Wegen ihrer dünnen Schale trocknen Topimaburknollen rasch aus und sollten daher nur kurze Zeit gelagert werden.

Dicke Bohnen mit Joghurtsauce
Zeytinyağlı Taze Bakla

600 g junge Dicke Bohnen in der Schote
1 große Zwiebel
Meersalz
1 EL Zucker
6 EL Olivenöl
200 ml Wasser
1 TL Weizenmehl
3 Knoblauchzehen
500 g Joghurt
1 Bund Dill

- Die Bohnenschoten putzen und waschen. In etwa fünf Zentimeter lange Stücke schneiden.
- Die Zwiebel schälen, grob hacken und mit etwas Meersalz und Zucker bestreut in drei Esslöffel Olivenöl in einem Topf glasig dünsten.
- Die Dicken Bohnen hinzufügen, vorsichtig umrühren und zehn Minuten garen.
- Das Wasser mit dem Mehl gut verrühren und in den Topf gießen.
- Den Topf vorsichtig schwenken und die Dicken Bohnen anschließend bei niedriger Temperatur weitere 50 Minuten garen, bis alles Wasser verdampft ist.
- Die Bohnen im Topf abkühlen lassen.
- Knoblauchzehen schälen, fein hacken und mit dem Joghurt verrühren.
- Den Dill waschen und grob hacken.
- Die erkalteten Bohnen auf einem Servierteller anrichten, mit Dill bestreuen und mit dem restlichen Olivenöl beträufeln.
- Die Bohnen zusammen mit dem Knoblauchjoghurt servieren.

Tipp: Olivenölgerichte werden immer kalt gegessen.

Portulak in Olivenöl
Zeytinyağlı Semizotu

500 g Portulak mit Stielen
1 Zwiebel
1 Möhre
1 EL Rundkornreis
1 TL Zucker
½ TL Meersalz
1/8 l Wasser
1 EL Tomatenmark
einige Spritzer Zitronensaft
6 EL Olivenöl

♦ Portulak putzen, gut waschen, die Blätter an den Stielen belassen und das Gemüse in fünf Zentimeter lange Streifen schneiden.
♦ Die Zwiebel schälen und fein hacken.
♦ Die Möhre waschen, schälen, längs halbieren und in Scheiben schneiden.
♦ Den geschnittenen Portulak zusammen mit gehackten Zwiebeln, Möhrenscheiben, gewaschenem Reis, Zucker, Salz, Wasser, Tomatenmark, Zitronensaft und drei Esslöffel Olivenöl in einen Topf geben und aufkochen lassen.
♦ Das Gemüse bei niedriger Temperatur etwa 20 Minuten garen.
♦ Den Portulak erkalten lassen und vor dem Servieren mit dem restlichen Olivenöl beträufeln.

Lauch in Olivenöl
Zeytinyağlı Pırasa

4 dünne Stangen Lauch
1 Möhre
¼ l Wasser
1 TL Zucker
½ TL Meersalz
6 EL Olivenöl
1 EL Tomatenmark
Saft von 1 – 2 Zitronen
1 EL Rundkornreis

◆ Den Lauch putzen, gut waschen und in dünne Scheiben schneiden.
◆ Die Möhre waschen, längs halbieren und in Scheiben schneiden.
◆ Das Wasser mit Zucker, Meersalz, drei Esslöffel Olivenöl, Tomaten-
mark und ein paar Spritzern Zitronensaft in einem Topf verrühren.
◆ Lauch, Möhren und Reis dazugeben und bei niedriger Temperatur
20 – 30 Minuten garen. Das Lauchgemüse erkalten lassen.
◆ Das Lauchgemüse mit dem restlichen Zitronensaft und Olivenöl
beträufeln und servieren.

Wurzelgemüse in Olivenöl
Zeytinyağlı Kereviz

1 Möhre
1 Kartoffel
1 Sellerieknolle
Saft von 3 Orangen
etwas Wasser
8 EL Olivenöl
Meersalz
½ Bund glatte Petersilie

♦ Die Gemüse waschen, schälen und in kleine Würfel (etwa einen Zenti-
  meter groß) schneiden.
♦ In einem Topf den Orangensaft mit der gleichen Menge Wasser, vier
  Esslöffel Öl und Salz verrühren.
♦ Die Gemüsewürfel in die Brühe geben, einmal aufkochen lassen und
  dann bei niedriger Temperatur etwa 25 Minuten garen. Anschließend
  abkühlen lassen.
♦ Das gegarte Wurzelgemüse in eine Glasschüssel oder einen Emailletopf
  umfüllen.
♦ Die Petersilie waschen, grob hacken und über das Gemüse streuen.
♦ Das Gemüse mit dem restlichen Olivenöl beträufeln und lauwarm oder
  kalt servieren.

Stangenbohnen in Olivenöl
Zeytinyağlı Fasulye

500 g Stangenbohnen
500 g Tomaten
3 Zwiebeln
375 ml Wasser
½ TL Zucker
1 TL Meersalz
8 EL Olivenöl
1 EL Tomatenmark
Saft von ½ Zitrone

- Die Stangenbohnen putzen, waschen und schräg in ein Zentimeter breite Stücke schneiden.
- Die Tomaten waschen, Stielansätze entfernen und das Fruchtfleisch in kleine Würfel schneiden.
- Die Zwiebeln schälen und grob hacken.
- In einen hohen Topf zuerst die Bohnen, dann die Tomaten und zuletzt die Zwiebeln schichten.
- Das Wasser mit Zucker, Meersalz, vier Esslöffel Olivenöl, Tomatenmark und ein paar Spritzern Zitronensaft verrühren und über die Gemüse gießen.
- Das Gemüse bei niedriger Temperatur etwa 30 Minuten garen. Anschließend erkalten lassen.
- Das kalte Bohnengemüse mit dem restlichen Zitronensaft und Olivenöl beträufeln und servieren.

Artischockenböden in Olivenöl
Zeytinyağlı Enginar

8 große frische Artischockenböden
Saft von 2 Zitronen
1 Zwiebel
8 EL Olivenöl
1 Möhre
1 Kartoffel
1 Hand voll Erbsen
1 Bund Dill
Meersalz
schwarzer Pfeffer

◆ Die Artischockenböden in einer Schüssel mit Wasser bedecken. Den Saft von einer Zitrone dazugeben, damit die Artischockenböden nicht braun werden.
◆ Die Zwiebel schälen, fein hacken und in vier Esslöffel Olivenöl in einem Topf anschwitzen.
◆ Möhre und Kartoffel schälen, waschen, in fünf Millimeter breite Würfel schneiden und zu den Zwiebeln geben.
◆ Das Gemüse etwa fünf Minuten dünsten. Die Erbsen hinzufügen, Deckel auf den Topf legen und das Gemüse weitere fünf Minuten garen.
◆ Den Dill waschen und fein hacken.
◆ Das Gemüse mit Meersalz, schwarzem Pfeffer und der Hälfte des gehackten Dills abschmecken.
◆ Die Artischockenböden aus dem Zitronenwasser holen, abtropfen lassen und mit der Gemüsemischung füllen.
◆ Die gefüllten Artischockenböden in eine große Pfanne mit hohem Rand setzen. Mit dem Saft von einer halben Zitrone beträufeln, etwas Wasser angießen, einen Deckel aufsetzen und die Artischockenböden 20 – 25 Minuten weich kochen. Bei Bedarf noch etwas Wasser dazugeben, damit die Artischocken nicht anbrennen.

◆ Die Artischocken erkalten lassen. Mit dem restlichen gehackten Dill bestreuen und mit dem restlichen Zitronensaft und vier Esslöffel Olivenöl beträufeln.

◆ Die gefüllten Artischockenböden kalt servieren.

Tipp: So werden Artischocken geputzt: Stiele der Artischocken anbrechen, drehen, erneut anbrechen und entfernen. Die Blütenköpfe waschen, alle Blätter abziehen, bis nur noch der Boden übrig bleibt (am besten mit Handschuhen, um Verfärbungen an den Händen zu vermeiden). Die Böden in Form schneiden. Mit einem scharfkantigen Löffel oder mit einem Messer das Heu herauslösen und die Böden sofort in das Zitronenwasser legen.

Grüne Bohnen in Olivenöl
Zeytinyağlı Börülce

500 g Brechbohnen
1 Zwiebel
1 Möhre
¼ l Wasser
1 TL Zucker
½ TL Meersalz
6 EL Olivenöl
1 EL Tomatenmark
1 EL Rundkornreis
einige Spritzer Zitronensaft

♦ Die Bohnen putzen und waschen.
♦ Die Zwiebel schälen und grob hacken.
♦ Die Möhre waschen, putzen und würfeln.
♦ Das Wasser mit Zucker, Meersalz, drei Esslöffel Olivenöl und Tomaten-
  mark in einem Topf verrühren.
♦ Bohnen, Zwiebelwürfel, Reis und Möhrenwürfel in die Brühe geben.
♦ Das Gemüse bei niedriger Hitze etwa 30 Minuten garen. Anschließend
  erkalten lassen.
♦ Das kalte Bohnengemüse mit einigen Spritzern Zitronensaft und dem
  restlichen Olivenöl beträufeln und servieren.

Okraschoten in Olivenöl
Zeytinyağlı Bamya

500 g Okraschoten
7 Knoblauchzehen
8 EL Olivenöl
1 Zwiebel
1 große Tomate
2 scharfe grüne Spitzpaprika
Saft von 1 Zitrone
3 EL saurer Granatapfelsirup
Meersalz
100 ml heißes Wasser

♦ Die Okraschoten waschen, die Stielansätze abschneiden.
♦ Die Knoblauchzehen schälen, hacken und in sechs Esslöffel Olivenöl in einer großen Pfanne anbraten.
♦ Die Zwiebel schälen, fein hacken, zum Knoblauch geben und mit dem Knoblauch weiterbraten.
♦ Die Tomate waschen, den Stielansatz entfernen und das Fruchtfleisch in kleine Würfel schneiden.
♦ Die Paprikaschoten waschen, entkernen und in feine Ringe schneiden.
♦ Tomaten- und Paprikastücke zu der Zwiebel geben und unterrühren.
♦ Zitronensaft, Granatapfelsirup und Meersalz miteinander vermischen und dazugießen.
♦ Die Okraschoten und das heiße Wasser dazugeben und das Gemüse unter gelegentlichem, vorsichtigem Umrühren etwa 25 Minuten garen.
♦ Das Gemüse lauwarm oder kalt, mit dem restlichen Olivenöl beträufelt, servieren.

Tipp: Okraschoten *(bamya),* mit dem schönen englischen Namen »ladyfinger«, werden in der türkischen Küche vorwiegend gedünstet oder gebraten, sie können aber auch roh verzehrt werden. Der Geschmack erinnert ein wenig an grüne Bohnen.

Gefüllte Weinblätter
Yaprak Dolması

250 g frische oder eingelegte Weinblätter
200 g Rundkornreis
Meersalz
4 Zwiebeln
3 EL Vogelkorinthen (Kuş üzümü)
    ersatzweise Sultaninen
3 EL Pinienkerne
150 ml Olivenöl
1 TL Pimentpulver
    oder je ½ TL Zimt- und Gewürznelkenpulver
1 TL Zucker
heißes Wasser zum Quellen
½ Bund Minze
1 Bund glatte Petersilie
1 Bund Dill
schwarzer Pfeffer
¼ l Wasser
Saft von 1 Zitrone

♦ Die frischen Weinblätter waschen, fünf Minuten in kochendem Wasser blanchieren, kalt abschrecken und die Stiele entfernen. Falls Sie eingelegte Weinblätter nehmen, diese in eine Schüssel geben, mit heißem Wasser übergießen und einige Stunden ziehen lassen. Dann abgießen und die Stiele entfernen.

♦ Den Reis verlesen, in einen Topf geben, mit einem Esslöffel Salz bestreuen, mit heißem Wasser übergießen und 60 Minuten ruhen lassen. Danach abgießen und gut unter kaltem Wasser abspülen.

♦ Zwiebeln schälen und fein hacken. Die Rosinen verlesen und waschen.

♦ Die gehackten Zwiebeln, Pinienkerne und Rosinen in sechs Esslöffel Öl in einem Topf anbraten, bis die Zwiebeln glasig werden.

♦ Den Reis, das Pimentpulver (oder Zimt- und Gewürznelkenpulver) und den Zucker dazugeben, kurz umrühren, mit so viel heißem Wasser aufgießen, bis der Reis knapp bedeckt ist, und zehn Minuten bei niedriger Hitze im geschlossenen Topf quellen lassen.

◆ Währenddessen die Kräuter waschen und fein hacken.

◆ Den Topf vom Herd ziehen. Den Reis mit Kräutern, Meersalz und schwarzem Pfeffer mischen.

◆ Den Topf mit einem Küchentuch abdecken, den Deckel auflegen und den Reis 30 Minuten ruhen lassen.

◆ Die Weinblätter mit der Oberseite nach unten auf ein Brett legen.

◆ Jeweils einen Teelöffel der Reisfüllung an das untere, breitere Ende eines Blattes legen, die Blattseiten leicht einklappen und das Weinblatt aufrollen. (Die aufgerollten Weinblätter sollten in etwa Größe und Form eines kleinen Fingers haben.)

◆ Den Boden eines flachen, breiten Topfes oder einer Pfanne mit hohem Rand mit den restlichen Weinblättern auslegen.

◆ Die gefüllten Weinblätter dicht an dicht hineinlegen (es sollten keine Lücken zu sehen sein!), mit dem Wasser, dem Saft von einer halben Zitrone und sechs Esslöffel Olivenöl aufgießen.

◆ Einen hitzefesten Teller umgekehrt auf die gefüllten Weinblätter legen. Einen Deckel auf den Topf oder die Pfanne legen. Die gefüllten Weinblätter bei niedriger Temperatur etwa 60 Minuten garen.

◆ Die gefüllten Weinblätter erkalten lassen und mit den restlichen vier Esslöffel Olivenöl und dem restlichen Zitronensaft beträufeln und servieren.

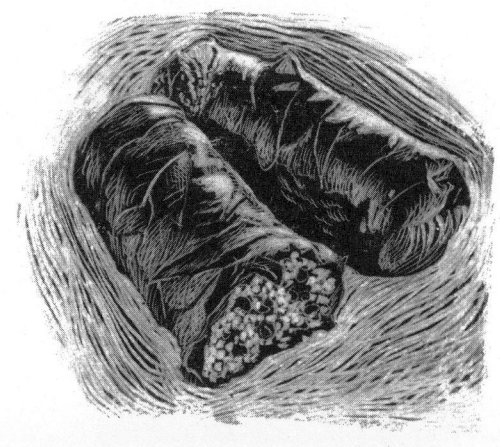

Gefüllte Paprika
Biber Dolması

24 kleine, runde, zum Füllen geeignete Paprikaschoten
200 g Rundkornreis
Meersalz
4 Zwiebeln
150 ml Olivenöl
4 Tomaten
1 TL Tomatenmark
1 TL Zucker
Wasser zum Kochen
½ Bund Minze
1 Bund glatte Petersilie
1 Bund Dill
schwarzer Pfeffer
¼ l Wasser
Saft von 1 Zitrone

- ◆ Die Deckel der Paprikaschoten abschneiden, die Kerne entfernen und die Schoten waschen.
- ◆ Den Reis verlesen, in einen Topf geben, mit einem Esslöffel Salz bestreuen, mit heißem Wasser übergießen und 60 Minuten ruhen lassen. Danach abgießen und gut unter kaltem Wasser abspülen.
- ◆ Die Zwiebeln schälen, fein hacken und in sechs Esslöffel Öl in einem Topf glasig dünsten.
- ◆ Die Tomaten waschen, von zwei Tomaten die Haut etwa fünf Millimeter dick abschälen. Die Tomatenhäute in 24 kleine Quadrate schneiden (2 cm × 2 cm groß) und beiseite legen.
- ◆ Den Rest der Tomaten fein würfeln und zusammen mit Reis und Tomatenmark, Zucker und etwas Salz zu den Zwiebeln geben.
- ◆ Den Reis mit den Tomaten kurz andünsten, dann mit so viel Wasser aufgießen, bis der Reis knapp bedeckt ist. Den Deckel auflegen und den Reis bei niedriger Hitze etwa zehn Minuten garen.
- ◆ In der Zwischenzeit die Kräuter waschen und fein hacken.

♦ Den Topf vom Herd ziehen, den Reis mit den Kräutern und mit etwas schwarzem Pfeffer mischen. Topf mit einem Küchentuch abdecken, den Deckel wieder auflegen und die Füllung 30 Minuten ruhen lassen.

♦ Den gewürzten Reis in die Paprikaschoten füllen und die Tomaten-haut-Quadrate als Deckel auf die Schoten setzen.

♦ Die gefüllten Paprika dicht an dicht in einen breiten Topf setzen. Mit dem Wasser, dem Saft einer halben Zitrone und sechs Esslöffel Olivenöl aufgießen. Einen hitzefesten Teller umgekehrt auf die gefüllten Paprika legen und einen Deckel auf den Topf legen.

♦ Die gefüllten Paprika bei niedriger Temperatur etwa 45 Minuten garen.

♦ Paprika erkalten lassen, mit dem restlichen Olivenöl und Zitronensaft beträufeln und servieren.

Tipp: Dieses Gericht kann man, je nach Geschmack, mit mild schmeckenden oder mit scharfen Paprikaschoten zubereiten.

Die kleinen Schoten sind in türkischen Lebensmittelgeschäften erhältlich. Sie sind weicher und haben eine dünnere Haut und sind daher für dieses Gericht besser geeignet als große Schoten.

Auch getrocknete Paprikaschoten können verwendet werden. Sie sind bereits entstielt und müssen vor dem Füllen noch einige Zeit in Wasser eingeweicht werden.

Kalter Wachtelbohnensalat
Barbunya Pilaki

250 g getrocknete Wachtelbohnen
Wasser zum Einweichen und Kochen
3 Zwiebeln
4 Knoblauchzehen
2 Möhren
100 ml Olivenöl
1 Kartoffel
1 EL Tomatenmark
1 TL Zucker
1 Bund glatte Petersilie
Meersalz
Saft von 1 Zitrone

◆ Die Bohnen, waschen und über Nacht in reichlich Wasser einweichen.
◆ Am nächsten Tag das Einweichwasser abgießen. Bohnen mit frischem
  Wasser bedecken und etwa 30 Minuten bei mittlerer Hitze kochen.
◆ Die Bohnen abgießen, dabei das Bohnenwasser auffangen.
◆ Die Zwiebeln und den Knoblauch schälen und fein hacken.
◆ Die Möhren putzen und klein würfeln.
◆ Vier Esslöffel Olivenöl in einem Topf erhitzen. Gehackte Zwiebeln,
  Knoblauch und Möhrenwürfelchen dazugeben und anbraten.
◆ Die Kartoffel schälen und ebenfalls würfeln. Die Kartoffelwürfel
  zusammen mit dem Tomatenmark und dem Zucker in den Topf geben
  und gut unterrühren.
◆ Etwas Bohnenkochwasser dazugeben und das Gemüse aufkochen lassen.
◆ Die Petersilie waschen. Petersilienstängel hacken, in den Topf geben
  und alles nochmals aufkochen lassen.
◆ Die Petersilienblätter ebenfalls hacken und beiseite stellen.
◆ Die Bohnen zu dem Gemüse in den Topf geben, mit dem aufgefange-
  nen Bohnenkochwasser aufgießen, bis die Bohnen leicht bedeckt sind.
◆ Die Bohnen im geschlossen Topf gar kochen. Nach dem Garen mit
  etwas Salz abschmecken. Die Bohnen erkalten lassen.
◆ Aus Zitronensaft, dem restlichen Olivenöl und der gehackten Petersilie
  eine Sauce anrühren. Die Sauce unter die Bohnen heben.

Hauptgerichte
Ana Yemekler

Auch bei den Hauptgerichten haben Sie die Qual der Wahl: Deftige Eintöpfe, Gemüse in allen Variationen, gebacken, geschmort und gefüllt, selbst gemachte Nudeltaschen mit delikaten Füllungen oder pikant gewürzte Bratlinge warten darauf, probiert zu werden. Eine schnell angerührte Joghurtsauce passt gut dazu. Ein guter Naturjoghurt, etwas Knoblauch und eine Prise Salz, mehr ist nicht nötig, um bei vielen Gerichten für das gewisse Extra zu sorgen.

Aubergineneintopf
Patlıcan Yemeği

4 Auberginen
4 Zwiebeln
2 Knoblauchzehen
2 grüne Spitzpaprika
2 Tomaten
4 EL Olivenöl
1 EL Tomatenmark
Meersalz
200 ml Wasser

♦ Auberginen waschen, die Haut in etwa ein Zentimeter breiten Streifen abschälen, sodass ein Längsstreifenmuster entsteht, und die Stielansätze entfernen.

♦ Die Auberginen halbieren, Auberginenhälften in etwa ein Zentimeter dicke Scheiben schneiden, sodass halbmondförmige Stücke entstehen.

♦ Den Boden eines breiten Topfes oder einer Pfanne mit hohem Rand mit den Auberginenscheiben auslegen.

♦ Die Zwiebeln und den Knoblauch schälen, fein hacken und in den Topf über die Auberginen geben.

♦ Die Paprika und die Tomaten waschen und die Stielansätze entfernen.

♦ Die Paprika entkernen und in Ringe schneiden, die Tomaten würfeln. Das Gemüse ebenfalls in den Topf zu den Auberginen geben.

♦ Das Olivenöl mit dem Tomatenmark, etwas Salz und dem Wasser verrühren. In den Topf gießen und den Eintopf einmal aufkochen lassen.

♦ Den Aubergineneintopf bei niedriger Hitze 30 – 40 Minuten köcheln lassen.

Kichererbseneintopf
Nohut Yemeği

400 g Kichererbsen
Wasser zum Einweichen
1 Zwiebel
4 EL Olivenöl
3 EL Tomatenmark
1 l kochendes Wasser
Meersalz
Flockenpaprika
   ersatzweise Paprikpulver, rosenscharf

◆ Die Kichererbsen verlesen, waschen und über Nacht in reichlich
   kaltem Wasser einweichen.
◆ Die Zwiebel schälen, fein hacken und in Olivenöl in einem Topf glasig
   dünsten.
◆ Das Tomatenmark hinzufügen und im Öl andünsten.
◆ Kichererbsen abtropfen lassen und dazugeben. Mit dem kochenden
   Wasser bedecken und die Hülsenfrüchte etwa 60 Minuten weich
   kochen.
◆ Den Eintopf mit Salz und Flockenpaprika abschmecken und weitere
   fünf Minuten köcheln lassen.

Tipp: Den Eintopf zusammen mit einfachem Reis *(Sade Pilav)* und Gurke in
Knoblauchjoghurtsauce *(Cacık)* servieren.

Zucchini-Eintopf
Kabak Yemeği

2 Zwiebeln
2 Knoblauchzehen
8 EL Olivenöl
2 Möhren
4 mittelgroße Zucchini
3 Tomaten
Meersalz
schwarzer Pfeffer
400 ml Wasser
½ Bund Dill
1 EL getrocknete Minze

♦ Zwiebeln und Knoblauch schälen, fein hacken und in einem Topf im
  Olivenöl glasig dünsten.
♦ Die Möhren putzen, waschen, in Scheiben schneiden und zu den
  Zwiebeln in den Topf geben.
♦ Zucchini waschen und die Stielansätze abschneiden. Zucchini längs
  halbieren, in dicke Scheiben schneiden und ebenfalls zu den Zwiebeln
  geben.
♦ Die Tomaten waschen, von den Stielansätzen befreien und klein
  würfeln.
♦ Die Tomatenwürfelchen zu den Zwiebeln, Möhren und Zucchini geben
  und zwei Minuten weiterdünsten.
♦ Das Gemüse salzen und nach Geschmack mit Pfeffer würzen.
  Das Wasser angießen und den Eintopf etwa 20 Minuten kochen,
  bis Möhren und Zucchini weich sind.
♦ Den Dill waschen und fein hacken.
♦ Den Zucchini-Eintopf mit dem gehackten Dill und der zerriebenen,
  getrockneten Minze abschmecken.

Tipp: Servieren Sie den Eintopf zusammen mit Knoblauchjoghurt und Brot.

Weinblätter mit Bulgur-Eier-»Tatar«
Yumurtalı Yaprak Kıyması

2 EL Butter
1 EL Tomatenmark
1 TL Paprikamark
100 g feiner Bulgur
    ersatzweise Couscous
Meersalz
400 ml heißes Wasser
3 Eier
1 Zwiebel
4 Frühlingszwiebeln
½ Bund glatte Petersilie
½ Bund Dill
getrocknete Minze
Flockenpaprika
    ersatzweise Paprikapulve, rosenscharf
150 g eingelegte Weinblätter

◆ Butter in einer Pfanne mit hohem Rand erhitzen. Tomaten- und Paprikamark darin anschwitzen.

◆ Den Bulgur und etwas Salz hinzufügen, das heiße Wasser angießen und etwa zehn Minuten bei niedriger Hitze garen. Bei Bedarf noch etwas Wasser nachgießen.

◆ Die Eier aufschlagen, verrühren und über den Bulgur in die Pfanne geben. Die Eier stocken lassen.

◆ Die Zwiebel schälen und fein hacken.

◆ Frühlingszwiebeln waschen und in feine Ringe schneiden.

◆ Petersilie und Dill waschen und fein hacken.

◆ Zwiebeln und Kräuter miteinander vermischen und über die Bulgur-Eier-Mischung geben.

◆ Mit zerriebener, getrockneter Minze und Flockenpaprika bestreuen.

◆ Die Weinblätter kurz abspülen und anschließend abtropfen lassen.

◆ Die Blätter zwischen den Fingern wie einen kleinen Löffel formen und das Bulgur-Eier-Gericht damit vom Teller nehmen und essen.

Ravioli mit Linsenfüllung
Mercimekli Mantı

Für die Füllung:
200 g Tellerlinsen
Wasser zum Einweichen und Kochen
2 Zwiebeln
4 EL Öl
1 TL Meersalz
schwarzer Pfeffer
Flockenpaprika
    ersatzweise Paprikpulver, rosenscharf

Für den Nudelteig:
500 g Weizenmehl
1 Ei
1 Prise Meersalz
etwa 200 ml lauwarmes Wasser
Mehl für die Arbeitsfläche

Für die Joghurtsauce:
500 g Joghurt
Meersalz
4 Knoblauchzehen

2 TL Flockenpaprika
    ersatzweise Paprikpulver, rosenscharf
1 EL Butter oder Öl

◆ Für die **Füllung** die Linsen verlesen und über Nacht in kaltem Wasser
  einweichen (die Linsen sollten komplett mit Wasser bedeckt sein).
◆ Die Linsen am nächsten Tag mit kaltem Wasser abspülen und in
  reichlich Wasser zum Kochen bringen. Linsen etwa 45 Minuten bei
  mittlerer Hitze weich kochen.
◆ Die gegarten Linsen über ein Sieb abgießen und in eine Schüssel geben.

◆ Für die **Ravioli** aus Mehl, Ei, etwas Salz und dem lauwarmen Wasser einen elastischen Nudelteig kneten. Den Teig mit einem Tuch abdecken und 30 Minuten ruhen lassen.

◆ Währenddessen für die Füllung die Zwiebeln schälen, fein hacken und im Öl anbraten.

◆ Die gebratenen Zwiebeln zu den gekochten Linsen geben und mit Salz, Pfeffer und Flockenpaprika abschmecken.

◆ Den Nudelteig auf einer bemehlten Arbeitsfläche dünn ausrollen. Den Teig in drei Zentimeter große Quadrate schneiden.

◆ Jeweils etwas Linsenfüllung auf jedes Teigquadrat geben und diese zu Hütchen formen. Dazu die vier Ecken jedes Teigstückes gleichzeitig anheben und über der Füllung fest zusammendrücken.

◆ In einem großen Topf Salzwasser zum Kochen bringen. Die Ravioli portionsweise hineingeben und in etwa fünf Minuten sprudelnd kochen.

◆ Für die **Joghurtsauce** die Knoblauchzehen schälen, mit etwas Salz fein zerdrücken und in den Joghurt rühren.

◆ In einer kleinen Pfanne den Flockenpaprika kurz in Butter oder Öl anbraten.

◆ Die Linsenravioli auf Tellern anrichten, mit Knoblauchjoghurt übergießen und mit der Paprikabutter beträufeln.

Das Kochen türkischer Ravioli (*mantı*) ist eine gemeinschaftliche Angelegenheit und traditionell Frauensache. Man trifft sich zuhause und bereitet große Mengen Ravioli zu, denn ähnlich wie bei schwäbischen Maultaschen lohnt es sich nicht, lediglich kleine Portionen zu kochen, da es sehr aufwendig ist. Man kocht auf Vorrat und friert die Ravioli, die nicht sofort verbraucht werden, ein.

Die Stadt Kayseri in Zentralanatolien ist berühmt für ihre *mantı*. Schwiegermütter aus Kayseri sollen potenzielle Bräute ihrer Söhne auf ihre Eignung als Haus- und Ehefrau überprüft haben (und auch weiterhin überprüfen!), indem sie darauf achten, ob die jungen Frauen *mantı* formen können, die so klein sind, dass 40 Stück auf einen Esslöffel passen.

Tscherkessische Ravioli
Pshalive

Für den Nudelteig:
500 g Weizenmehl
1 Ei
Meersalz
etwa 200 ml lauwarmes Wasser
Mehl für die Arbeitsfläche

Für die Füllung:
500 g Kartoffeln
1 EL Flockenpaprika
    ersatzweise Paprikpulver, rosenscharf
schwarzer Pfeffer
4 EL getrocknetes Basilikum
1 EL Butter

Für die Joghurtsauce:
4 Knoblauchzehen
Meersalz
500 g Joghurt (3,5 % Fett)

1 EL Flockenpaprika
    ersatzweise Paprikpulver, rosenscharf
3 EL Butter

◆ Aus Mehl, Ei, einer Prise Salz und dem lauwarmen Wasser einen
  elastischen **Nudelteig** kneten.
◆ Den Teig mit einem Tuch abdecken und 30 Minuten ruhen lassen.
◆ In der Zwischenzeit für die **Füllung** die Kartoffeln in der Schale
  kochen, schälen und mit einer Gabel fein zerdrücken.
◆ Das Kartoffelpüree mit etwas Salz, Flockenpaprika, schwarzem Pfeffer,
  getrocknetem Basilikum und zerlassener Butter abschmecken.
◆ Den Nudelteig vierteln. Jedes Viertel auf einer bemehlten Arbeitsfläche
  dünn ausrollen und in Quadrate schneiden (3 cm × 3 cm groß).

- Auf jedes Teigquadrat jeweils etwas von der Kartoffelfüllung geben. Die Quadrate jeweils zu einem Dreieck zusammenschlagen und die Ränder fest andrücken.
- In einem großen Topf Salzwasser zum Kochen bringen. Die Ravioli portionsweise hineingeben und in etwa fünf Minuten sprudelnd gar kochen.
- Währenddessen für die **Joghurtsauce** die Knoblauchzehen schälen, mit etwas Salz fein zerdrücken und in den Joghurt rühren.
- In einer kleinen Pfanne den Flockenpaprika kurz in der Butter anbraten.
- Die tscherkessischen Ravioli auf Tellern anrichten, mit dem Knoblauchjoghurt übergießen und mit der Paprikabutter beträufeln.

Ausgebackene Teigstreifen
Pişi

500 g Weizen- oder Dinkelmehl
1 TL Natron
200 g Joghurt
1 Ei
½ TL Meersalz
Mehl für die Arbeitsfläche
Öl zum Frittieren

◆ Mehl und Natron vermischen.
◆ Aus Mehl, Joghurt, dem Ei und dem Salz einen weichen Brotteig
  kneten.
◆ Den Teig dünn auf einer bemehlten Arbeitsfläche zu einem Rechteck
  ausrollen und in Rauten schneiden.
◆ Das Öl in einem Topf erhitzen und die Teigrauten in heißem Öl aus-
  backen.
◆ Die Teigstreifen auf Küchenpapier etwas entfetten und sofort servieren.

Tipp: *Pişi* werden gerne zum Frühstück serviert und mit Käse, Butter, Marmelade und Honig gegessen.

Eier mit Tomaten, Zwiebeln und Paprika
Menemen

2 Zwiebeln
8 Spitzpaprika
4 EL Olivenöl
4 Tomaten
Meersalz
1 Bund glatte Petersilie
8 Eier
schwarzer Pfeffer

◆ Zwiebeln schälen, halbieren und in halbmondförmige Ringe schneiden.
◆ Die Paprika waschen und die Stielansätze abschneiden. Paprika entkernen und ebenfalls in Ringe schneiden.
◆ Das Olivenöl in einer Pfanne erhitzen, Zwiebeln und Paprika darin anbraten.
◆ Die Tomaten waschen, von den Stielansätzen befreien und klein schneiden.
◆ Tomaten zu den Zwiebeln und den Paprika geben. Mit etwas Salz würzen und das Gemüse in der geschlossenen Pfanne fünf bis zehn Minuten köcheln lassen.
◆ Die Petersilie waschen und fein hacken.
◆ Eier aufschlagen, leicht verquirlen und zur Tomaten-Zwicbcl-Paprika-Mischung in die Pfanne geben.
◆ Mit einem Holzlöffel immer wieder umrühren, bis die Eier stocken.
◆ Mit Salz und Pfeffer abschmecken und mit gehackter Petersilie bestreut servieren.

Tipp: *Menemen* wird gerne zum Frühstück serviert.

Ausgebackene Zucchiniküchlein
Mücver

Für die Küchlein:
1 kg Zucchini
2 Zwiebeln
50 g Schafskäse
2 Bund Dill
2 Eier
Meersalz
schwarzer Pfeffer
Weizenmehl nach Bedarf
Öl zum Frittieren

Für den Knoblauchjoghurt:
2 Knoblauchzehen
500 g Joghurt
Meersalz

◆ Für die **Küchlein** die Zucchini waschen und die Stielansätze abschneiden. Die Zwiebeln schälen.
◆ Zucchini und Zwiebeln grob raspeln. Zusammen in ein Tuch geben und gut ausdrücken.
◆ Den Schafskäse zerbröckeln.
◆ Den Dill waschen und grob hacken.
◆ In einer Schüssel Zucchini, Zwiebeln, Schafskäse, aufgeschlagene Eier und gehackten Dill gut vermengen.
◆ Teig mit Meersalz und schwarzem Pfeffer nach Geschmack würzen.
◆ Die Masse darf nicht zu flüssig sein, darum je nach Konsistenz einige Esslöffel Weizenmehl dazugeben und kurz quellen lassen.
◆ In einer hohen Pfanne, im Wok oder in einer Fritteuse Öl erhitzen. (Den Stiel eines Holzkochlöffels ins heiße Öl eintauchen. Wenn kleine Blasen aufsteigen, ist die richtige Temperatur erreicht.)
◆ Mit zwei Esslöffeln aus dem Teig portionsweise kleine Zucchiniküchlein formen und in das Öl gleiten lassen. Einige Minuten ausbacken, dann wenden und weiterbacken.

◆ Die Küchlein aus dem Frittieröl nehmen und auf Küchenpapier
   entfetten.
◆ Für den **Knoblauchjoghurt** die Knoblauchzehen schälen und fein
   hacken. Den Joghurt durchrühren, den Knoblauch und etwas Salz
   dazugeben.
◆ Die ausgebackenen Zucchiniküchlein heiß mit dem Knoblauchjoghurt
   servieren.

Linsen-Bulgur-Buletten
Mercimek Köftesi

3 Zwiebeln
6 EL Olivenöl
250 g rote Linsen
etwa ½ l Wasser
250 g feiner Bulgur
*   ersatzweise Couscous*
Meersalz
1 TL Kreuzkümmelpulver
1 EL Paprikamark
1 EL Tomatenmark
1 Bund glatte Petersilie
1 Bund Dill
8 dünne Frühlingszwiebeln
einige Spritzer Zitronensaft

◆ Die Zwiebeln schälen, fein hacken und im Olivenöl dünsten. Gedüns-
   tete Zwiebeln mit dem Öl beiseite stellen.
◆ Die Linsen verlesen, waschen und in dem Wasser etwa 25 Minuten
   sehr weich kochen.
◆ In einer Schüssel den Bulgur mit etwas Meersalz, Kreuzkümmel,
   Paprika- und Tomatenmark vermischen.
◆ Die gekochten Linsen zusammen mit dem Kochwasser über den
   Bulgur gießen, kurz umrühren und sofort mit einem Deckel abdecken.
   Die Mischung 30 Minuten ruhen lassen.
◆ In der Zwischenzeit Petersilie, Dill und Frühlingszwiebeln waschen
   und fein hacken.
◆ Die gedünsteten Zwiebeln zusammen mit dem Bratöl zum Bulgur
   geben.
◆ Die gehackten Kräuter, Zwiebeln sowie Zitronensaft hinzufügen und
   den Teig mit den Händen fünf bis zehn Minuten kneten.
◆ Hühnereigroße Stücke vom Teig abnehmen und zu daumengroßen
   Röllchen formen.
◆ Mit eingelegtem Gemüse auf Salatblättern servieren.

Weiße-Bohnen-Eintopf
Kuru Fasulye

400 g weiße Bohnen
Wasser zum Einweichen und Kochen
2 Zwiebeln
4 EL Olivenöl
2 Tomaten
1 EL Tomatenmark
4 grüne Spitzpaprika
Meersalz
schwarzer Pfeffer

♦ Weiße Bohnen verlesen, waschen, über Nacht in reichlich kaltem
  Wasser einweichen (die Bohnen sollten vollständig mit Wasser bedeckt
  sein).
♦ Am nächsten Tag mit frischem Wasser zum Kochen bringen und etwa
  30 Minuten halbweich kochen. Die Bohnen über ein Sieb abgießen.
♦ Die Zwiebeln schälen, fein hacken und im Olivenöl in einem Topf
  glasig dünsten.
♦ Tomaten waschen, von den Stielansätzen befreien und fein würfeln.
♦ Das Tomatenmark zu den Zwiebeln geben und leicht anbraten.
♦ Die Tomatenwürfelchen und die gegarten weißen Bohnen dazugeben.
♦ Paprika waschen und die Stielansätze abschneiden. Paprika entkernen
  und in Streifen schneiden.
♦ Paprikastreifen zusammen mit etwas Salz und schwarzem Pfeffer zu
  den Bohnen geben und den Eintopf 30 Minuten köcheln lassen.

Tipp: Zum Eintopf passt gekochter Reis *(sade pilav)* und eine Sauce aus
Joghurt, Gurke und Knoblauch *(cacık)*.

Nudeln in Knoblauchjoghurt mit Paprika-Tomaten-Sauce
Erişte Mantısı

1 Zwiebel
2 EL Olivenöl
4 Tomaten
6 grüne Spitzpaprika
½ Bund glatte Petersilie
½ Bund Dill
Meersalz
schwarzer Pfeffer
500 g kurze türkische Nudeln (Erişte)
    ersatzweise Fadennudeln
4 frische Knoblauchzehen
500 g Joghurt

◆ Die Zwiebel schälen, fein hacken und im Olivenöl in einem Topf glasig
  dünsten.
◆ Tomaten und Paprika waschen, die Stielansätze entfernen und die
  Paprika entkernen.
◆ Die Tomaten in Stücke, die Paprika in Ringe schneiden.
◆ Das Gemüse zu den Zwiebeln geben und im geschlossenen Topf etwa
  10 – 15 Minuten dünsten.
◆ Petersilie und Dill waschen und grob hacken.
◆ Die Tomaten-Paprika-Sauce mit Meersalz, schwarzem Pfeffer und den
  gehackten Kräutern würzen.
◆ Nudeln in reichlich Salzwasser nach Packungsanleitung gar kochen.
◆ Die Knoblauchzehen schälen und fein hacken.
◆ Joghurt in einer großen Schüssel gut verrühren, mit etwas Meersalz
  und dem gehackten Knoblauch würzen.
◆ Die Nudeln über ein Sieb abgießen und mit dem Knoblauchjoghurt
  verrühren.
◆ Nudeln auf Teller verteilen und die heiße Tomatensauce darüberlöffeln.

Tipp: Servieren Sie die Nudeln zusätzlich noch mit scharfer Paprika-Tomaten-Sauce (siehe Seite 166).

Schmorgemüse
Güveç

3 Kartoffeln
2 Zucchini
1 Aubergine
2 rote Paprikaschoten
3 Möhren
5 mittelgroße Tomaten
2 Zwiebeln
2 Knoblauchzehen
½ Bund glatte Petersilie
Meersalz
6 EL Olivenöl

◆ Die Kartoffeln schälen und in zwei Zentimeter große Würfel schneiden.
◆ Zucchini, Aubergine, Paprika und Möhren waschen, putzen und ebenfalls in zwei Zentimeter große Würfel schneiden.
◆ Die Tomaten waschen und in dicke Scheiben schneiden. Zwiebeln schälen, in dicke Spalten schneiden. Knoblauch schälen, in feine Scheiben schneiden.
◆ Die Petersilie waschen und zusammen mit den Stielen grob hacken.
◆ Das Gemüse, mit Ausnahme des Knoblauchs, miteinander vermischen und salzen.
◆ Einen irdenen Schmortopf mit drei Esslöffel Olivenöl einreiben und mit den Knoblauchscheibchen auslegen.
◆ Das Gemüse in den Schmortopf geben und mit dem restlichen Olivenöl beträufeln. Deckel auflegen und bei 160 °C im Backofen mindestens zwei Stunden schmoren.

Der Imam fiel in Ohnmacht – Auberginengericht
İmam Bayıldı

8 kleine Auberginen
Meersalz
8 EL Olivenöl
2 Zwiebeln
4 Knoblauchzehen
6 grüne Spitzpaprika
4 Tomaten
2 EL Tomatenmark
1 TL Zucker
schwarzer Pfeffer
etwa ¼ l heißes Wasser
½ Bund glatte Petersilie

- Die Auberginen waschen und die Stielansätze abschneiden.
- Die Haut der Auberginen streifenförmig abschälen. Auberginen 30 Minuten in Salzwasser legen. Herausnehmen und abtrocknen.
- Vier Esslöffel Olivenöl in einem flachen, breiten Topf erhitzen, Auberginen hineingeben und von allen Seiten scharf anbraten. Herausnehmen und auf einen Teller legen.
- Zwiebeln und Knoblauch schälen. Die Zwiebeln halbieren, in halbmondförmige Ringe schneiden. Knoblauch grob hacken.
- Die Paprika waschen, Stielansätze und Kerne entfernen. In feine Ringe schneiden.
- Tomaten waschen und Stielansätze entfernen. In kleine Würfel schneiden.
- Vier Esslöffel Öl im Topf, in dem zuvor die Auberginen angebraten wurden, erhitzen. Zwiebelringe, gehackten Knoblauch und Paprikaringe darin anbraten.
- Tomatenwürfelchen, Tomatenmark und Zucker dazugeben. Einige Minuten weiterdünsten. Mit Meersalz und schwarzem Pfeffer abschmecken.

- In die Auberginen jeweils längs eine Öffnung für die Füllung ein-schlitzen. Die Öffnungen etwas auseinander drücken, sodass Taschen entstehen.
- Die Auberginen mit der Zwiebel-Paprika-Tomaten-Masse füllen.
- Die gefüllten Auberginen in eine feuerfeste Auflaufform geben, das heiße Wasser angießen und im Backofen bei 180 °C etwa 30 Minuten garen.
- Die Petersilie waschen, fein hacken und über die gegarten Auberginen streuen. Heiß servieren.

Bulgurbratlinge
Glorik

1 Zwiebel
1 Bund glatte Petersilie
500 g feiner Bulgur
 ersatzweise Couscous
Meersalz
schwarzer Pfeffer
2 TL getrocknete Minze
3 Eier
1 TL Olivenöl
100 g Weizenmehl
2 EL Butter
3 große Tomaten
3 Knoblauchzehen
Flockenpaprika
 ersatzweise Paprikapulver, rosenscharf
250 g Joghurt

♦ Zwiebel schälen und fein hacken. Petersilie waschen und ebenfalls
  hacken.
♦ Den Bulgur mit der gehackten Zwiebel und Petersilie mischen.
♦ Salz, Pfeffer, zerriebene Minze, ein Ei und das Olivenöl hinzufügen, gut
  vermischen und mindestens fünf Minuten mit den Händen kneten.
♦ Aus dem Teig walnussgroße Küchlein formen.
♦ In einem breiten Topf reichlich Salzwasser zum Kochen bringen. Dann
  die Temperatur herunterschalten, bis das Wasser nur noch schwach
  siedet.
♦ Die restlichen Eier aufschlagen und in einem tiefen Teller verquirlen.
♦ Das Mehl auf einen zweiten Teller streuen.
♦ Die Küchlein jeweils zuerst in den Eiern wälzen, im Mehl wenden und
  dann ins heiße Wasser geben. Die Bulgurbuletten 10 – 15 Minuten
  ziehen lassen.
♦ Buletten herausnehmen, abtropfen lassen und in einem Esslöffel Butter
  oder Öl von allen Seiten anbraten.

♦ Die Tomaten waschen, von den Stielansätzen befreien und klein
   schneiden. Tomatenstücke in der restlichen Butter anbraten.
♦ Den Knoblauch schälen und fein hacken. Zusammen mit dem
   Flockenpaprika zu den Tomaten geben.
♦ Die Bulgurküchlein mit der Tomatensauce und dem Joghurt servieren.

Lauch mit Zitronensaft
Ekşili Pırasa

8 Lauchstangen
½ l Wasser
Saft von 1 – 2 Zitronen
1 EL Tomatenmark
1 TL Zucker
6 EL Olivenöl
Meersalz

◆ Den Lauch putzen, nicht mehr als zwei Zentimeter von den grünen
  Enden abschneiden und die Stangen gründlich waschen.
◆ Die Lauchstangen schräg in zwei Zentimeter breite Stücke schneiden.
◆ In einem Topf das Wasser mit dem Zitronensaft, Tomatenmark, Zucker,
  Olivenöl und etwas Meersalz verrühren.
◆ Die Lauchstücke dazugeben, aufkochen und etwa 20 Minuten bei
  mittlerer Temperatur garen.
◆ Zum Schluss nochmals mit Meersalz und Zitronensaft abschmecken.

Um die Ernte des Sommers für den Winter haltbar zu
machen, greift man auch auf die altbewährte Methode des
Trocknens zurück. Gemüse wie Auberginen und Zucchini,
die später mit einer Reismischung gefüllt werden sollen,
schneidet man zuerst quer in fingerlange Stücke und höhlt
sie dann aus. Paprikaschoten werden entstielt und entkernt.
Andere Gemüsearten wie Okraschoten und scharfe Paprika
zum Würzen bleiben ganz. Dann zieht man die Gemüse
mit Hilfe einer Nähnadel auf Schnüre und hängt sie zum
Trocknen in die Sonne. Aufbewahrt werden die dekorativen
Gemüseketten an einem trockenen Ort. Bevor man sie verwendet, weicht man die Trockengemüse für einige Zeit in
Wasser ein und bereitet sie dann wie frisches Gemüse zu.

Ausgebackene Sommergemüse
Sebze Kızartması

4 Kartoffeln
4 Auberginen
4 Zucchini
8 grüne Spitzpaprika
Meersalz
Öl zum Frittieren

Für die Joghurtsauce:
3 Knoblauchzehen
500 g Joghurt (3,5 % Fett)
Meersalz

◆ Die Kartoffeln schälen und waschen.
◆ Die Stielansätze von Auberginen, Zucchini und Paprika abschneiden. Paprika entkernen. Das Gemüse jeweils in fünf Millimeter dicke Scheiben schneiden.
◆ Auberginen- und Zucchinischeiben für 30 Minuten in Salzwasser legen. Anschließend gut ausdrücken und abtrocknen.
◆ Das Öl in einem großen Topf, einem Wok oder in einer Fritteuse erhitzen. (Die richtige Temperatur ist erreicht, wenn am eingetauchten Stiel eines Holzkochlöffels kleine Bläschen aufsteigen.)
◆ Die Gemüsescheiben portionsweise im Öl ausbacken. Auf Küchenpapier abtropfen lassen.
◆ Für die **Joghurtsauce** die Knoblauchzehen schälen und fein hacken. Mit dem Joghurt und etwas Meersalz gut verrühren.
◆ Das ausgebackene, warme Gemüse mit dem Knoblauchjoghurt servieren.

Reis und Bulgur
Pirinç ve Bulgur

Hausgemachte Reis- und Bulgurgerichte sind in der Alltagsküche ebenso zu finden, wie auf jeder Festtagstafel. Lockerer, körniger Reis und geschroteter, vorgekochter Weizen bilden die Grundlagen für viele regionale Spezialitäten. Sie werden mal mild, mal scharf oder aber orientalisch gewürzt und mit Gemüse, Hülsenfrüchten oder auch mit Rosinen und Nüssen verfeinert. *Pilav* aus Weizengrütze wird dabei nicht als Beilage, sondern als eigenständiges Gericht serviert.

Bulgur mit Tellerlinsen
Yeşil Mercimekli Bulgur Pilavı

100 g Tellerlinsen
Wasser zum Einweichen und Kochen
150 g Bulgur
2 Zwiebeln
4 EL Butter oder Öl
2 türkische Spitzpaprika
3 Tomaten
1 EL Tomatenmark
Meersalz
½ l heißes Wasser

◆ Die Linsen verlesen, waschen, über Nacht in reichlich kaltem Wasser
  einweichen (die Linsen sollten vollständig mit Wasser bedeckt sein).
◆ Am nächsten Tag mit frischem Wasser zum Kochen bringen und etwa
  30 Minuten halb gar kochen. Über einem Sieb abtropfen lassen.
◆ Den Bulgur in einem Sieb mit kaltem Wasser abspülen und abtropfen
  lassen.
◆ Die Zwiebeln schälen, fein hacken und in der Butter in einem Topf
  glasig dünsten.
◆ Paprika und Tomaten waschen und die Stielansätze entfernen. Die
  Paprika entkernen und zusammen mit den Tomaten klein würfeln.
◆ Paprika- und Tomatenwürfel zu den Zwiebeln geben und fünf Minuten
  unter Rühren weiterdünsten.
◆ Das Tomatenmark hinzufügen und kurz unterrühren.
◆ Bulgur, Linsen und einen Teelöffel Salz hinzugeben und kurz umrühren.
◆ Mit dem heißen Wasser aufgießen und das Bulgur-Linsen-Gericht bei
  niedriger Hitze köcheln lassen, bis der Bulgur das gesamte Wasser auf-
  gesogen hat.
◆ Den Topf vom Herd ziehen, Deckel abnehmen und den Topf mit
  einem Küchentuch abdecken. Den Topfdeckel wieder auflegen und
  den Bulgur zehn Minuten ruhen lassen. Erst dann servieren.

Einfacher Reis
Sade Pilav

200 g Rundkornreis
Meersalz
2 l heißes Wasser
1 EL Butter oder Öl
300 ml Wasser

♦ Den Reis verlesen und in einen Topf geben. Mit einem Esslöffel Salz
  bestreuen und mit dem heißen Wasser übergießen. Etwa 60 Minuten
  einweichen.
♦ Anschließend den Reis in einem Sieb gründlich mit kaltem Wasser
  abspülen.
♦ Den Reis in der Butter anzudünsten, bis er leicht »nussig« riecht. Das
  Wasser und einen halben Teelöffel Salz dazugeben und den Reis zum
  Kochen bringen.
♦ Nach dem Aufkochen die Temperatur reduzieren, den Topf schließen
  und den Reis etwa 15 Minuten leise köcheln lassen, bis der Reis die
  Flüssigkeit aufgesogen hat.
♦ Den Herd abschalten, den Deckel abnehmen und den Topf mit einem
  Küchentuch abdecken.
♦ Den Deckel wieder auflegen und den Reis zehn Minuten ruhen lassen.
  Erst dann servieren.

Reis mit Kichererbsen
Nohutlu Pilav

50 g Kichererbsen
Wasser zum Einweichen
½ l Wasser zum Kochen
200 g Rundkornreis
Meersalz
2 l heißes Wasser
400 ml Wasser
1 EL Butter oder Öl

◆ Die Kichererbsen über Nacht in reichlich Wasser einweichen (sie sollten gut mit Wasser bedeckt sein).

◆ Am nächsten Tag die Kichererbsen abgießen und in dem frischen Wasser etwa 60 Minuten weich kochen.

◆ Den Reis verlesen und in einen Topf geben. Mit einem Esslöffel Salz bestreuen und mit dem heißen Wasser übergießen. Etwa 60 Minuten einweichen.

◆ Anschließend den Reis in einem Sieb gründlich mit kaltem Wasser abspülen.

◆ Das Wasser zusammen mit der Butter oder dem Öl, einem Teelöffel Salz und den Kichererbsen in einen Topf geben.

◆ Das Wasser aufkochen lassen, dann den Reis hinzufügen, den Topf schließen und den Reis bei niedriger Hitze etwa 15 Minuten köcheln lassen, bis der Reis die Flüssigkeit aufgesogen hat.

◆ Den Herd abschalten, den Deckel abnehmen und den Topf mit einem Küchentuch abdecken.

◆ Den Deckel wieder auflegen und den Reis zehn Minuten ruhen lassen. Vor dem Servieren noch einmal gründlich umrühren.

Tipp: Wenn es schneller gehen soll, können Sie auch etwa 150 Gramm gekochte Kichererbsen aus dem Glas verwenden.

Reiskuchen
Perde Pilavı

200 g Rundkornreis
Meersalz
2 l heißes Wasser
1 Zwiebel
3 EL Butter oder Öl
1 Möhre
3 EL Rosinen
3 EL Pinienkerne
1 TL Pimentpulver
    ersatzweise je ½ TL Zimt- und Gewürznelkenpulver
etwa 400 ml Wasser
½ Bund Petersilie
schwarzer Pfeffer
6 EL Weizenmehl
1 MSP Backpulver
1 EL Joghurt
1 EL Öl
4 – 5 EL Wasser
Fett für die Form
30 gehäutete Mandeln

◆ Den Reis verlesen und in einen Topf geben. Mit einem Esslöffel Salz
  bestreuen und mit dem heißen Wasser übergießen. Etwa 60 Minuten
  einweichen.
◆ Anschließend den Reis in einem Sieb gründlich mit kaltem Wasser
  abspülen.
◆ Die Zwiebel schälen, fein hacken und in einem Topf in der Butter oder
  im Öl bräunen.
◆ Die Möhre putzen, in zwei Zentimeter lange Stifte schneiden, zu der
  Zwiebel geben und mit anbraten.
◆ Reis, Rosinen und Pinienkerne dazugeben und so lange rühren, bis der
  Reis gleichmäßig mit Butter oder Öl überzogen ist.

- ◆ Das Pimentpulver einstreuen. Das Wasser angießen, den Reis zum Kochen bringen und bei niedriger Hitze etwa 15 Minten ausquellen lassen.
- ◆ Den Herd abschalten, den Deckel abnehmen und den Topf mit einem Küchentuch abdecken.
- ◆ Den Deckel wieder auflegen und den Reis zehn Minuten ruhen lassen.
- ◆ Die Petersilie waschen, fein hacken und unter den Reis mischen.
- ◆ Mit Salz und Pfeffer abschmecken.
- ◆ Aus Mehl, Backpulver, einer Prise Salz, Joghurt, Öl und dem Wasser einen Knetteig herstellen.
- ◆ Den Teig etwa 30 Minuten ruhen lassen, dann in eine größere und eine kleinere Kugel teilen.
- ◆ Eine runde, feuerfeste Glas- oder Emailleform oder eine Kuchenform einfetten, die Mandeln im gewünschten Muster darin anordnen.
- ◆ Die Teige dünn auf einer bemehlten Arbeitsfläche ausrollen. (Der Durchmesser der größeren Teigscheibe sollte größer als die Form sein.)
- ◆ Die große Teigscheibe in die Form legen, dabei sollte der Teig den Rand überlappen. Leicht andrücken.
- ◆ Den Reis auf den Teig in die Form geben, glatt streichen und mit der zweiten Teigscheibe abdecken. Die Teigränder festdrücken.
- ◆ Mit einer Stricknadel ein kleines Loch in die Mitte des Reiskuchens bohren.
- ◆ Den Kuchen im Backofen bei 200 °C 30 Minuten backen.
- ◆ Kurz abkühlen lassen, dann auf einen Kuchenteller stürzen, in Stücke schneiden und servieren.

Gebackener Reis mit Pinienkernen und Rosinen
İç Pilavı

200 g Rundkornreis
Meersalz
2 l heißes Wasser
1 Zwiebel
2 EL Butter
4 EL Vogelkorinthen (Kuş üzümü)
    ersatzweise Sultaninen
4 EL Pinienkerne
½ TL Pimentpulver
½ TL Zimtpulver
schwarzer Pfeffer
400 ml heißes Wasser

◆ Den Reis verlesen und in einen Topf geben. Mit einem Esslöffel Salz
  bestreuen und mit dem heißen Wasser übergießen. Etwa 60 Minuten
  einweichen.
◆ Anschließend den Reis in einem Sieb gründlich mit kaltem Wasser
  abspülen.
◆ Die Zwiebel schälen, fein hacken und in einem Topf in der Butter oder
  im Öl glasig dünsten.
◆ Die Vogelkorinthen verlesen und waschen. Zusammen mit den Pinienkernen zu den Zwiebeln geben und zwei Minuten weiterdünsten.
◆ Den Reis, einen halben Teelöffel Salz, Piment- und Zimtpulver dazugeben und kurz umrühren.
◆ Das heiße Wasser angießen und den Reis aufkochen lassen. Den Topf
  schließen und die Temperatur reduzieren. Den Reis etwa 15 Minuten
  leise köcheln lassen, bis er die Flüssigkeit aufgesogen hat.
◆ Den Herd abschalten, den Deckel abnehmen und den Topf mit einem
  Küchentuch abdecken.
◆ Den Deckel wieder auflegen und den Reis zehn Minuten ruhen lassen.
◆ Den Reis auf eine feuerfeste Platte geben und unter dem Backofengrill
  leicht bräunen.

Reis mit Nudeln
Erişteli Pilav

200 g Rundkornreis
Meersalz
2 l heißes Wasser
1 EL Butter oder Öl
400 ml Wasser
50 g kurze türkische Nudeln (Erişte)
*   ersatzweise Fadennudeln*

♦ Den Reis verlesen und in einen Topf geben. Mit einem Esslöffel Salz
  bestreuen und mit dem heißen Wasser übergießen. Etwa 60 Minuten
  einweichen.
♦ Die Butter oder das Öl in einem Topf erhitzen, die Nudeln hinzugeben
  und etwa drei Minuten unter Rühren anbraten.
♦ Dann den Reis dazugeben und unter Rühren einige Minuten weiterbraten. Wasser und einen halben Teelöffel Salz dazugeben, umrühren
  und kurz aufkochen lassen.
♦ Die Temperatur reduzieren, den Topf schließen und den Reis etwa
  15 Minuten leise köcheln lassen, bis der Reis die Flüssigkeit aufgesogen
  hat.
♦ Den Herd abschalten, den Deckel abnehmen und den Topf mit einem
  Küchentuch abdecken.
♦ Den Deckel wieder auflegen und den Reis zehn Minuten ruhen lassen.
  Erst dann servieren.

Bulgur mit Tomaten und Zwiebeln
Bulgur Pilavı

1 Zwiebel
1 Tomate
2 grüne Spitzpaprika
3 EL Butter oder Öl
1 EL Tomatenmark
1 TL Paprikamark
350 ml Wasser
½ TL Meersalz
200 g Bulgur

♦ Die Zwiebel schälen und fein hacken.
♦ Tomate und Paprika waschen, die Stielansätze entfernen und die Paprika entkernen. Tomaten fein würfeln, Paprika in kleine Streifen schneiden.
♦ Die gehackte Zwiebel mit den Paprikastreifen in der Butter oder im Öl anbraten.
♦ Tomatenwürfel, Tomaten- und Paprikamark hinzufügen und weiterbraten.
♦ Das Wasser und das Salz dazugeben und aufkochen lassen.
♦ Den Bulgur in einem Sieb mit kaltem Wasser abspülen, abtropfen lassen und dann in den Topf in die heiße Flüssigkeit geben.
♦ Den Topf schließen und den Bulgur bei niedriger Hitze 20 – 30 Minuten ausquellen lassen, bis er die Flüssigkeit aufgesogen hat.
♦ Den Topf vom Herd ziehen, den Deckel abnehmen und den Topf mit einem Küchentuch abdecken. Den Deckel wieder auflegen und den Reis zehn Minuten ruhen lassen. Erst dann servieren.

117

Börek, Pide und Backwaren
Börekler, Pideler ve Hamur İşleri

Türkische Mahlzeiten sind ohne frische Backwaren undenkbar. Gold-
braune Sesamkringel, knuspriges Weißbrot oder gefülltes Blätter-
teiggebäck werden vom Frühstück bis zum Abendessen gereicht.
Yufkateig, selbst gemacht oder beim *Yufkacı* gekauft, ist dabei der Uni-
versalteig für alle Lebenslagen: Je nach Füllung und Zubereitung wird
daraus ein Snack für zwischendurch, eine köstliche »Kleinigkeit« zum
Auftakt des Menüs oder aber eine delikate Hauptspeise.

Yufka-Teigblätter
Yufka

für acht Yufkas

1 kg fein gemahlenes Weizen- oder Dinkelvollkornmehl
1 TL Meersalz
½ – ¾ l Wasser
Mehl für die Arbeitsfläche

♦ Mehl in eine Schüssel geben, das Salz untermischen.
♦ Nach und nach das Wasser dazugießen und unter das Mehl rühren.
  Anschließend so lange mit der Hand kneten, bis ein geschmeidiger
  Teig entstanden ist.
♦ Den Teig unter einem feuchten Tuch 30 Minuten ruhen lassen.
♦ Den Teig in acht Teile teilen und auf einer bemehlten Arbeitsfläche zu
  etwa ein Millimeter dünnen, runden Teigblättern ausrollen.

Tipp: Fertige *Yufkas* können einzeln zusammengerollt oder auch zusammengeklappt gut eingefroren werden. Yufka-Teigblätter gibt es hierzulande
in türkischen Lebensmittelgeschäften fertig zu kaufen (allerdings nicht aus
Vollkornmehl).
In der Türkei kauft man sie bei sogenannten *Yufkacıs*, sofern man sie nicht
selbst macht. Die *Yufkas* werden mit Hilfe von langen dünnen Wellhölzern
(oklava) auf niedrigen, runden Tischchen ausgerollt. Sie dünn und gleichmäßig auszurollen ist eine Kunst, die Erfahrung braucht.

Sesamkringel
Simit

für 10 Sesamkringel

350 g Weizen- oder Dinkelmehl
½ Päckchen Trockenhefe
½ TL Meersalz
2 EL Butter
2 EL Olivenöl
2 EL Wasser
3 Eier
3 EL Milch
10 EL Sesamsamen

◆ Das Mehl mit der Trockenhefe und dem Salz vermischen.
◆ Die Butter in einem kleinen Topf schmelzen und etwas abkühlen lassen. Mit Olivenöl, Wasser, zwei aufgeschlagenen Eiern und der Milch verrühren.
◆ Die Mischung zum Mehl gießen und alles mindestens zehn Minuten zu einem geschmeidigen Teig kneten.
◆ Den Teig mit einem Tuch abdecken und etwa 30 Minuten an einem warmen Ort gehen lassen.
◆ Anschließend den Teig noch einmal gut durchkneten. Hühnereigroße Teigstücke abnehmen.
◆ Die Teigstücke jeweils zu 20 Zentimeter langen Strängen rollen und daraus Kringel formen. Die Enden gut festdrücken.
◆ Das verbliebene Ei aufschlagen und verquirlen. Die Kringel mit dem Ei bestreichen und mit Sesamsamen bestreuen.
◆ Die Sesamkringel auf ein mit Backpapier ausgelegtes Backblech legen und im Backofen bei 200 °C 15 – 20 Minuten backen, bis die Sesamkringel goldbraun sind.

Knusprige Sesamkringel
Kandil Simidi

für etwa 40 Kringel

400 g Weizenmehl
½ TL Backpulver
1 TL Meersalz
1 TL Mahlep *(gemahlene Felsenkirsche)*
1 Ei
125 g weiche Butter
6 EL Olivenöl
6 EL Joghurt
10 EL Sesamsamen

◆ Das Mehl in einer Schüssel mit Backpulver, Salz und *Mahlep* mischen.
◆ Das Ei trennen. Die Butter in kleine Flöckchen zerteilen.
◆ Eigelb mit Olivenöl, Joghurt und Butterflöckchen zum Mehl geben und gut unterkneten.
◆ Vom Teig walnussgroße Stücke abnehmen, zu zehn Zentimeter langen Strängen formen. Die Stränge zu Ringen zusammenlegen und die Enden gut festdrücken.
◆ Die Kringel mit verquirltem Eiweiß bestreichen und im Sesam wälzen.
◆ Ein Backblech mit Backpapier auslegen. Die Kringel darauflegen und im (nicht vorgeheizten) Backofen bei 180 °C (Ober- und Unterhitze) 30 Minuten knusprig backen.

Kandil Simidi verdanken ihren Namen den *Kandils* (arab. »Öllampe«), die an religiösen Feiertagen früher die Moscheen erleuchteten. *Kandil* ist aber auch das Wort für diese Feiertage selbst. *Kandils* beginnen abends und dauern bis zum Morgen. Gläubige verbringen die Nächte mit Gebet und dem Rezitieren des Mevlit-Gedichts, das zur Feier der Geburt des Propheten Mohammed geschrieben wurde. Zur Feier des Tages werden *kandil simidi* gebacken.

Teigblätter mit Auberginenfüllung
Patlıcanlı Saç Böreği

2 Zwiebeln
4 Knoblauchzehen
6 scharfe grüne Spitzpaprika
3 Auberginen
3 Tomaten
1 Bund glatte Petersilie
Meersalz
schwarzer Pfeffer
12 Yufka-Teigblätter (Rezept siehe Seite 118)
Joghurt nach Belieben
scharfe Paprika-Tomaten-Sauce (siehe Rezept Seite 166)

♦ Die Zwiebeln und Knoblauchzehen schälen und vierteln.
♦ Paprika, Auberginen und Tomaten waschen. Die Stielansätze heraus-
   schneiden, Paprika entkernen.
♦ Das Gemüse grob würfeln und in einem Mixer grob zerhacken.
♦ Das Olivenöl in einem Topf erhitzen und die Gemüsemischung etwa
   zehn Minuten darin braten.
♦ Währenddessen die Petersilie waschen und klein hacken. Gehackte
   Petersilie zur Gemüsemischung geben und alles mit Salz und Pfeffer
   abschmecken.
♦ Die Yufkablätter halbieren. Jede Teighälfte in der Mitte zusammen-
   falten, sodass ein Viertelkreis entsteht.
♦ Auf einer Hälfte der Viertelkreise jeweils etwas von der Füllung
   verteilen. Dabei einen zwei Zentimeter breiten Rand lassen.
♦ Den Teig jeweils über die Füllung klappen, sodass Achtelkreise ent-
   stehen. Die Ränder mit angefeuchteten Fingern zusammendrücken.
♦ Eine große, schwere Gusseisenpfanne heiß werden lassen.
♦ Jeweils ein gefülltes Teigblatt hineingeben und auf beiden Seiten ohne
   Öl anbraten und dabei immer wieder mit einer Zange wenden. Auf-
   passen, dass nichts verbrennt!
♦ Zum Servieren auf Teller legen und mit Joghurt und scharfer Paprika-
   Tomaten-Sauce zusammen servieren.

Börek mit Schafskäsefüllung
Su Böreği

Für 1 Blech bzw. 1 Auflaufform

Für den Teig:
500 g Weizenmehl
Meersalz
5 Eier
1 EL Öl
etwas Wasser nach Bedarf

Für die Füllung:
300 g Schafskäse
1 Bund Petersilie oder Dill
1 Ei

Fett für die Form
einige EL geschmolzene Butter oder Pflanzenöl

◆ Für den **Teig** das Mehl mit einem Teelöffel Salz in einer Schüssel vermischen. Die aufgeschlagenen Eier und das Öl dazugeben. Alles zu
   einem geschmeidigen Nudelteig verarbeiten und gut kneten. Eventuell
   etwas Wasser dazugeben.
◆ Den Teig in zehn Stücke zerteilen und zu Kugeln formen. Die Kugeln
   30 Minuten unter einem Tuch ruhen lassen.
◆ Für die **Füllung** den Schafskäse zerkrümeln.
◆ Petersilie oder Dill waschen und fein hacken. Das Ei verquirlen.
◆ Die Kräuter zusammen mit dem verquirlten Ei zum Schafskäse geben
   und unterrühren.
◆ Eine runde Auflaufform (mit 35 Zentimeter Durchmesser) oder ein
   Backblech einfetten.
◆ Jede Teigkugel zu einem zwei Millimeter dünnen, runden Teigblatt
   ausrollen.
◆ Einen großen Topf mit Salzwasser zum Kochen bringen. Einen weite-
   ren großen Topf mit kaltem Wasser bereithalten.

♦ Ein Teigblatt in die Auflaufform bzw. auf das Backblech legen. (Es sollte den gesamten Boden bedecken und etwas über den Rand stehen.)

♦ Den Teig mit etwas geschmolzener Butter oder Öl beträufeln.

♦ Nun das zweite Teigblatt vorsichtig ins kochende Salzwasser gleiten lassen. Nach etwa einer Minute mit einem Schaumlöffel herausholen und im kalten Wasser abschrecken. Den Teig aus dem kalten Wasser nehmen, mit den Händen leicht ausdrücken und mit beiden Händen einölen. Dann auf das erste Teigblatt legen.

♦ Diesen Vorgang mit den nächsten drei Teigblättern wiederholen. Nachdem das fünfte Teigblatt in der Auflaufform liegt, gleichmäßig die Käsefüllung darauf verteilen.

♦ Die restlichen Teigblätter ebenfalls jeweils kurz ins kochende Wasser geben, abschrecken, einölen und in die Auflaufform über die Käsefüllung schichten.

♦ Im Backofen bei 200 °C 30 – 40 Minuten backen. Noch heiß in quadratische oder rechteckige Stücke schneiden. Schmeckt lauwarm serviert am besten.

Börek mit Zucchinifüllung
Kabaklı Börek

2 Zwiebeln
2 Knoblauchzehen
3 EL Olivenöl
3 EL Pinienkerne
3 mittelgroße Zucchini
Meersalz
schwarzer Pfeffer
2 Eier
Fett für das Blech
8 Yufka-Teigblätter (Rezept siehe Seite 118)
Öl zum Beträufeln
1 Eigelb
1 TL Schwarzkümmelsamen

◆ Die Zwiebeln und Knoblauchzehen schälen und fein hacken.
◆ Das Öl in einem Topf erhitzen und Zwiebeln und Knoblauch darin
  andünsten.
◆ Die Pinienkerne hinzufügen und mit den Zwiebeln anbraten.
◆ Zucchini waschen und Stielansätze entfernen. Die Zucchini grob
  raspeln und ebenfalls in den Topf geben. Unter Rühren fünf Minuten
  weiterbraten.
◆ Das Gemüse mit Salz und Pfeffer abschmecken, vom Herd ziehen und
  die beiden Eier unterrühren.
◆ Ein Backblech einfetten. Ein Yufkablatt so auf das Blech legen, dass die
  Ränder überlappen. Den Teig mit Öl beträufeln.
◆ Das zweite Yufkablatt auf das erste legen und ebenfalls mit Öl beträu-
  feln. Mit dem dritten und vierten Yufkablatt ebenso verfahren.
◆ Nun die Zucchinifüllung gleichmäßig auf dem Teig verteilen.
◆ Die Füllung mit einem Yufkablatt abdecken und dieses wiederum ölen.
◆ Die restlichen Yufkablätter einzeln daraufegen und dabei jeweils mit
  Öl beträufeln, bevor das nächste Blatt darübergelegt wird. Die Teig-
  ränder etwas einklappen.

◆ Das letzte Teigblatt mit dem verquirlten Eigelb bestreichen und mit Schwarzkümmel bestreuen.
◆ Im Backofen bei 200 °C 30 Minuten backen. Noch heiß in quadratische Stücke schneiden.

Tipp: *Börek* schmeckt lauwarm am besten.

Börek mit Brennnesselfüllung in Schneckenform
Isırgan Otulu Kol Böreği

1 Zwiebel
1 Knoblauchzehe
1 kg junge Brennnessel
2 EL Öl zum Anbraten
Öl zum Beträufeln
Meersalz
schwarzer Pfeffer
8 Yufka-Teigblätter (Rezept siehe Seite 118)
Fett für das Blech
1 Eigelb
1 EL Schwarzkümmelsamen

♦ Zwiebel und Knoblauch schälen und grob hacken.
♦ Küchenhandschuhe anziehen, Brennnessel waschen und ebenfalls grob
  hacken.
♦ Das Öl in einem Topf erhitzen und die gehackte Zwiebel und den
  Knoblauch darin goldbraun anbraten.
♦ Die gehackten Brennnesseln dazugeben und unter Rühren fünf Minu-
  ten weiterdünsten.
♦ Das Gemüse mit Salz und Pfeffer abschmecken.
♦ Die Yufkablätter halbieren und einzeln auf eine Arbeitsfläche legen.
♦ Jede Teighälfte mit Öl beträufeln und die Brennnesselmasse gleich-
  mäßig darauf verteilen. Die Teigblätter aufrollen, Schnecken daraus
  formen und diese noch einmal mit Öl beträufeln.
♦ Ein Backblech einfetten und die Brennnesselschnecken daraufsetzen.
♦ Die Teigschnecken mit dem verquirlten Eigelb bestreichen und mit
  dem Schwarzkümmel bestreuen.
♦ Im Backofen bei 200 °C 20 Minuten backen.

Börek mit Lauchfüllung
Pırasalı Börek

500 g dünne Stangen Lauch
3 EL Olivenöl
2 EL Tomatenmark
Salz
schwarzer Pfeffer
Fett für das Blech
Öl zum Beträufeln
8 Yufka-Teigblätter (Rezept siehe Seite 118)
1 Eigelb
1 TL Schwarzkümmelsamen

◆ Den Lauch putzen, waschen und in fünf Millimeter dicke Ringe schneiden.
◆ Das Olivenöl in einer Pfanne erhitzen, den Lauch hineingeben und zwei Minuten kräftig anbraten.
◆ Einen Deckel auf die Pfanne legen, die Temperatur reduzieren und den Lauch fünf Minuten bei mittlerer Temperatur garen.
◆ Das Tomatenmark hinzufügen und unter das Lauchgemüse rühren.
◆ Das Gemüse mit Salz und reichlich schwarzem Pfeffer abschmecken.
◆ Ein Backblech einfetten. Ein Yufkablatt so auf das Blech legen, dass die Ränder überlappen und den Teig mit Öl beträufeln.
◆ Das zweite Yufkablatt auf das erste Teigblatt legen und ebenfalls mit Öl beträufeln. Mit dem dritten und vierten Yufkablatt genauso verfahren.
◆ Nun die Lauchfüllung gleichmäßig auf dem Teigblatt verteilen.
◆ Das Lauchgemüse mit dem nächsten Yufkablatt abdecken und dieses wiederum mit Öl beträufeln. Die restlichen Yufkablätter jeweils einzeln daraufschichten und ebenfalls ölen.
◆ Die Teigränder etwas einklappen. Das letzte Teigblatt mit dem verquirlten Eigelb bestreichen und mit dem Schwarzkümmel bestreuen.
◆ Im Backofen bei 200 °C 30 Minuten backen. Noch heiß in quadratische Stücke schneiden.

Ausgebackene Kartoffeltaschen
Patatesli Muska Böreği

Für 12 bis 16 Kartoffeltaschen

1 Zwiebel
2 EL Öl
½ – 1 Bund glatte Petersilie
250 g gekochte Pellkartoffeln
Meersalz
schwarzer Pfeffer
1 TL Flockenpaprika
  ersatzweise Paprikpulver, rosenscharf

3 Yufka-Teigblätter (Rezept siehe Seite 118)
Öl zum Frittieren

◆ Die Zwiebel schälen und fein hacken.
◆ Das Öl in einer kleinen Pfanne erhitzen und die gehackte Zwiebel
  darin glasig dünsten.
◆ Die Petersilie fein hacken.
◆ Die gekochten Kartoffeln pellen und in einer Schüssel mit einer Gabel
  fein zerdrücken.
◆ Die gebratene Zwiebel zusammen mit dem Öl daruntermischen. Mit
  gehackter Petersilie, Salz, schwarzem Pfeffer und Flockenpaprika
  abschmecken.
◆ Die Yufkablätter aufeinanderlegen. Mit einem scharfen Messer halbieren und dann vierteln. Die Viertelkreise passgenau aufeinanderlegen
  und parallel zu einer der geraden Seiten in drei bis vier Streifen schneiden.
◆ Auf die Enden der Streifen jeweils einen Teelöffel Füllung geben. Die
  Streifen jeweils ziehharmonikaartig zu einem Dreieck falten und
  anschließend zum spitzen Ende hin aufrollen.
◆ Die Ränder mit etwas Wasser anfeuchten und andrücken, damit sie
  beim Ausbacken nicht auseinandergehen.

♦ Öl in einer tiefen Pfanne oder in einem Wok erhitzen. (Die richtige Temperatur ist erreicht, wenn am eingetauchten Stiel eines Holzkochlöffels kleine Bläschen aufsteigen.)

♦ Börek portionsweise ausbacken, auf Küchenpapier entfetten und am besten gleich servieren. Die ausgebackenen Kartoffeltaschen können aber auch kalt gegessen werden.

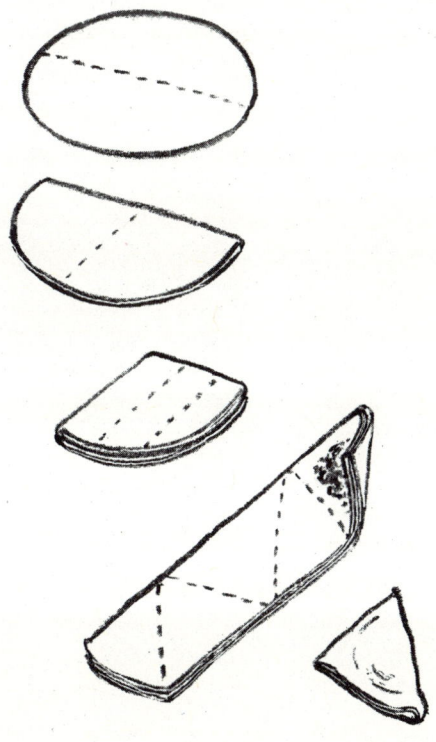

... Oliven

, ... Poğaça

100 g schwarze Oliven
1 kg Weizen- oder Dinkelvollkornmehl
1 Päckchen Trockenhefe
2 TL Meersalz
150 g Butter
2 Eier
100 ml lauwarmes Wasser
200 ml lauwarme Milch
1 TL Zucker
Mehl für die Arbeitsfläche
1 Eigelb

- ♦ Die Oliven entsteinen und mittelfein hacken.
- ♦ Das Mehl mit Hefe, Salz und gehackten Oliven in einer Schüssel mischen.
- ♦ Die Butter in einem kleinen Topf zerlassen.
- ♦ Butter, Eier, Wasser, Milch und Zucker verrühren und zur Mehlmischung gießen. Zu einem Teig verarbeiten und zehn Minuten kräftig kneten.
- ♦ Den Teig mit einem Tuch bedeckt an einem warmen Ort 30 Minuten gehen lassen.
- ♦ Anschließend den Teig nochmals kräftig durchkneten. Hühnereigroße Teigstücke abnehmen, auf einer bemehlten Arbeitsfläche zu Kugeln formen, leicht flachdrücken und noch einmal 15 Minuten gehen lassen.
- ♦ Die Brötchen mit dem verquirlten Eigelb bestreichen und auf ein mit Backpapier ausgelegtes Backblech legen.
- ♦ Im vorgeheizten Backofen bei 180 °C 10 – 15 Minuten backen.

Brötchen mit Schafskäsefüllung
Peynirli Poğaça

1 kg Weizen- oder Dinkelmehl
2 Päckchen Backpulver
2 TL Meersalz
150 g Butter
2 Eier
100 ml Wasser
200 ml Milch
1 TL Zucker
100 g Schafskäse
2 EL gehackte Petersilie
1 Eigelb
2 TL Schwarzkümmelsamen

♦ Das Mehl mit Backpulver und Salz in einer Schüssel mischen.
♦ Die Butter in einem kleinen Topf zerlassen und abkühlen lassen.
♦ Die zerlassene Butter, Eier, Wasser, Milch und Zucker verrühren und zur Mehlmischung geben. Zu einem Teig verarbeiten und kräftig kneten.
♦ Den Schafskäse zerkrümeln und mit der gehackten Petersilie mischen.
♦ Hühnereigroße Teigstücke abnehmen, zu Kugeln formen, etwas auseinander drücken und jeweils mit einem Teelöffel Käse-Petersilien-Masse füllen.
♦ Die Teigkugeln fest verschließen und leicht flachdrücken.
♦ Die Brötchen mit dem verquirlten Eigelb bestreichen, mit Schwarzkümmel bestreuen und auf ein mit Backpapier ausgelegtes Backblech legen.
♦ Im vorgeheizten Backofen bei 180 °C 10 – 15 Minuten backen.

Türkische Pizza mit Spinat
Ispanaklı Pide

250 g Weizen- oder Dinkelmehl
½ Päckchen Trockenhefe
1 TL Meersalz
½ TL Zucker
200 ml lauwarmes Wasser
1 Zwiebel
1 Knoblauchzehe
3 EL Olivenöl
500 g Blattspinat
Meersalz
schwarzer Pfeffer
Mehl für die Arbeitsfläche
2 Eier

◆ Mehl mit Hefe, Salz und Zucker mischen und mit dem Wasser zu
   einem Hefeteig verarbeiten. Den Teig zehn Minuten kräftig kneten.
◆ Den Teig mit einem Tuch bedeckt an einem warmen Ort 30 Minuten
   gehen lassen.
◆ Die Zwiebel und den Knoblauch schälen und fein hacken.
◆ In einem Topf zwei Esslöffel Olivenöl erhitzen und Zwiebel und Knoblauch darin anbraten.
◆ Den Blattspinat putzen, waschen und grob hacken. Zu der Zwiebel und
   dem Knoblauch geben und zusammenfallen lassen.
◆ Den Spinat mit Salz und Pfeffer abschmecken.
◆ Den Teig nochmals kräftig durchkneten, halbieren und beide Teig-
   stücke auf einer bemehlten Arbeitsfläche zu etwa drei Millimeter
   dicken, ovalen Fladen (»Booten«) ausrollen. Die Ränder sollten etwas
   dicker sein, damit die Füllung nicht von der Pizza fließt!
◆ Die Spinatfüllung gleichmäßig auf beiden Teig»booten« verteilen.
◆ Die Eier aufschlagen, leicht verquirlen und über die Spinatfüllung
   geben.
◆ Die Teigränder etwas über die Füllung klappen.

◆ Die Pizzen mit dem restlichen Olivenöl beträufeln. Auf ein mit Backpapier ausgelegtes Backblech legen.

◆ Im vorgeheizten Backofen (Ober- und Unterhitze) bei 200 °C
15 – 20 Minuten backen.

Gözleme sind eine Art türkisches Fastfood, das oft an Straßenständen verkauft wird. *Gözleme* bestehen aus Yufka-Teigblättern, die mit diversen Füllungen (Schafskäse,
Spinat, Kartoffel, Brennnessel, Lauch, Aubergine) bestrichen, zusammengeklappt und auf großen Pfannen gebacken
werden. Nach dem Backen rollt man sie zusammen, nimmt
sie in die Hand und isst.

Man kann *Gözleme* ganz leicht zu Hause herstellen, indem
man halbierte Yufkablätter mit drei Esslöffel einer Füllung
(Schafskäse, Spinat, Kartoffel, Brennnessel, Lauch oder
Aubergine) bestreicht, zusammenklappt und dann in einer
großen Pfanne ohne Öl unter mehrmaligem Wenden bäckt.
Zum Schluss beträufelt man die *Gözleme* mit wenig Öl und
bäckt sie in der Pfanne nochmals kurz von jeder Seite und
rollt sie dann zusammen.

Einfache Pide
Pide

250 g Weizen- oder Dinkelmehl
½ Päckchen Trockenhefe
1 TL Meersalz
½ TL Zucker
200 ml lauwarmes Wasser
Mehl für die Arbeitsfläche
2 EL Olivenöl
2 EL Sesamsamen
1 TL Schwarzkümmelsamen

◆ Das Mehl mit Hefe, Salz und Zucker in einer Schüssel mischen und das Wasser dazugeben. Alles zu einem Teig verarbeiten und zehn Minuten kräftig kneten.

◆ Den Teig mit einem Tuch bedeckt an einem warmen Ort 30 Minuten gehen lassen.

◆ Den Teig nochmals kräftig durchkneten, halbieren und beide Teigstücke auf einer bemehlten Arbeitsfläche etwa drei Millimeter dick zu Fladen ausrollen.

◆ Die Oberflächen der Fladenbrote mehrmals mit einer Gabel einstechen. Mit Olivenöl beträufeln und mit Sesam und Schwarzkümmel bestreuen.

◆ Die Brote auf ein mit Backpapier ausgelegtes Backblech legen. Im vorgeheizten Backofen (Ober- und Unterhitze) bei 200 °C 15 – 20 Minuten backen.

Süßspeisen
Tatlılar

Frische aromatische Früchte der Saison und Milchpuddinge in allen Variationen bilden den Abschluss eines türkischen Menüs. Aus Erdbeeren, Zitronen oder anderen Obstarten werden aber auch gerne Fruchtgelees zubereitet. Wer es gehaltvoller mag, kann sich bei Helva, in Sirup getränkten Trockenfrüchten oder kleinen, gefüllten Blätterteigteilchen (Baklava) bedienen. Diese zuckersüßen, verführerischen Speisen werden in der Türkei aber auch zum schwarzen Tee gereicht.

Quitten in Sirup
Ayva Tatlısı

2 Quitten
200 ml Wasser
150 g Zucker
5 Gewürznelken
125 ml Sahne

♦ Die Quitten waschen, schälen, halbieren und die Kerngehäuse entfernen.
♦ In einem flachen, breiten Topf das Wasser mit Zucker, Kerngehäusen und Gewürznelken verrühren. Die halbierten Quitten mit den Schnittstellen nach unten in den Topf legen.
♦ Die Quitten bei niedriger Temperatur weich dünsten. (Je länger man die Quitten bei niedriger Temperatur kocht, desto besser, denn dabei changiert ihre Farbe von Quittengelb ins Rötliche – ein erwünschter Effekt bei diesem Gericht!)
♦ Die Früchte erkalten lassen.
♦ Die Sahne steif schlagen und die Quitten mit der geschlagenen Sahne füllen und servieren.

Sirupgebäck
Şekerpare

400 ml Wasser
200 g Zucker
1 Stück unbehandelte Zitronenschale
2 Eier
125 g Zucker
1 Päckchen Vanillezucker
125 g Butter
500 g Weizenmehl
1 Päckchen Backpulver
Fett für das Blech

◆ Das Wasser mit dem Zucker und der Zitronenschale in einem Topf aufkochen. Das Wasser bei mittlerer Hitze einkochen lassen, bis ein dünnflüssiger Sirup entstanden ist, dann den Topf vom Herd ziehen.
◆ Den Backofen auf 175 °C vorheizen.
◆ Eier, Zucker und Vanillezucker in einer Schüssel schaumig rühren.
◆ Die Butter in einem kleinen Topf vorsichtig erwärmen, bis sie geschmolzen ist. Butter etwas abkühlen lassen.
◆ Das Mehl mit dem Backpulver mischen und zusammen mit der zerlassenen Butter vorsichtig unter die Eier-Zucker-Masse heben.
◆ Vom Teig walnussgroße Stücke abnehmen, mit den Händen Kugeln formen und die Kugeln etwas flachdrücken. Auf ein gefettetes Backblech legen.
◆ Das Gebäck 20 – 25 Minuten backen.
◆ Lauwarmen Sirup über die heißen Gebäckstücke gießen und mindestens 30 Minuten durchziehen lassen.

Grießkuchen in Zitronensirup
Revani

800 ml Wasser
750 g Zucker
2 unbehandelte Zitronen
6 Eier
150 g Weizenmehl
150 g Weizen- oder Dinkelgrieß
1 TL Backpulver
Fett für die Form
Grieß für die Form

◆ Wasser mit 700 Gramm Zucker in einem Topf aufkochen und etwa 15 Minuten bei mittlerer Hitze einkochen lassen.
◆ Die Zitronen waschen und abtrocknen. Die Schalen abreiben und beiseite stellen. Die Zitronen halbieren und drei Hälften auspressen.
◆ Den Zitronensaft in den Sirup rühren und abkühlen lassen.
◆ Eier mit dem restlichen Zucker schaumig schlagen. Die verbliebene Zitronenhälfte auspressen, den Saft hinzufügen und kurz weiterschlagen.
◆ Mehl, Grieß, Backpulver und Zitronenschale miteinander mischen und unter die Zucker-Eier-Masse heben.
◆ Eine Kuchenform (24 Zentimeter Durchmesser) einfetten und mit etwas Grieß ausstreuen. Den Kuchenteig einfüllen.
◆ Den Kuchen bei 180 °C im Backofen 30 Minuten backen.
◆ Kuchen etwas abkühlen lassen, aus der Form nehmen und in eine größere runde Auflaufform setzen.
◆ Die Oberfläche des Kuchens in Abständen von vier Zentimetern mit einer Gabel einstechen. Den heißen Zitronensirup gleichmäßig darübergießen, die Form etwas hin- und herschwenken.
◆ Den Kuchen abdecken und einige Stunden stehen lassen, bis der Sirup ganz aufgesogen ist. Den Kuchen in Rauten schneiden und servieren.

Erdbeergelee
Çilekli Pelte

1 kg Erdbeeren
¼ l Wasser
150 g Zucker
ein paar Spritzer Zitronensaft
8 EL Weizen- oder Maisstärke

♦ Erdbeeren waschen und putzen. Acht Erdbeeren beiseite stellen, den Rest pürieren.
♦ 150 Milliliter Wasser mit dem Zucker, dem Erdbeerpüree und etwas Zitronensaft langsam zum Kochen bringen.
♦ Die Stärke mit dem restlichen Wasser anrühren, in die kochende Flüssigkeit gießen und unter ständigem Rühren köcheln lassen, bis das Gelee andickt.
♦ Die zurückbehaltenen Erdbeeren in dünne Scheiben schneiden und vorsichtig unter das Gelee ziehen.
♦ Das Erdbeergelee in Schälchen füllen und erkalten lassen.

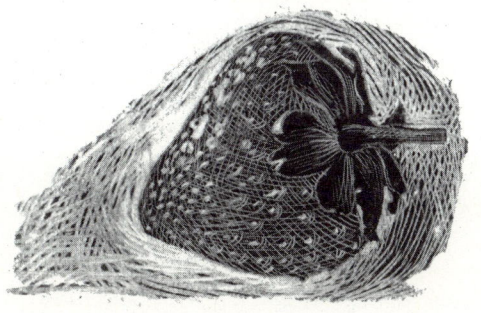

Zitronengelee
Limonlu Pelte

2 unbehandelte Zitronen
½ l Wasser
150 g Zucker
6 gehäufte EL Weizen- oder Maisstärke

♦ Zitronen heiß waschen und abtrocknen. Die Schalen abreiben und die Zitronen auspressen.
♦ In einem Topf 450 Milliliter Wasser mit Zucker, Zitronenschalen und -saft verrühren und aufkochen.
♦ Die Stärke mit den restlichen 50 Milliliter Wasser verrühren, in den kochenden Zitronensirup gießen und unter ständigem Rühren köcheln lassen, bis das Gelee andickt.
♦ Das Zitronengelee in Schälchen füllen und erkalten lassen.

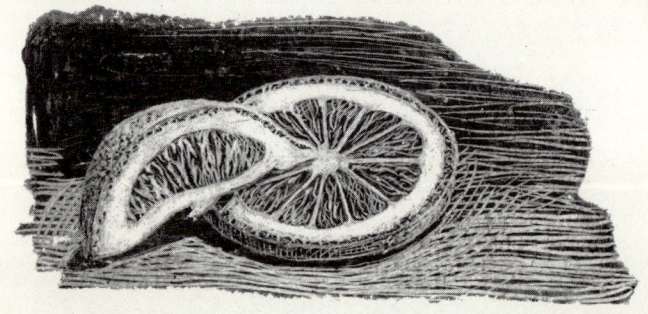

Mandel-Milch-Pudding
Keşkül

1 l Milch
150 g Zucker
4 gehäufte EL Reismehl
200 g gehäutete, fein gemahlene Mandeln
1 TL fein zerstoßene Kokosraspel
1 EL gehackte Pistazienkerne
1 EL gehackte Mandeln

♦ Dreiviertel Liter Milch mit dem Zucker in einem Topf aufkochen.
♦ Das Reismehl mit der restlichen Milch und den gemahlenen Mandeln
  verrühren. Langsam in die kochende Milch gießen.
♦ Die Kokosraspel hinzufügen und etwa fünf Minuten weiterrühren, bis
  der Pudding andickt.
♦ Den Mandelpudding in Schälchen füllen und erkalten lassen.
♦ Mit gehackten Pistazien und Mandeln bestreut servieren.

Grießhelva
İrmik Helvası

100 g Butter
100 g Weizen- oder Dinkelvollkorngrieß
3 EL Pinienkerne
1 EL fein abgeriebene Orangenschale
100 ml Wasser
3 EL milder Honig (z. B. Akazie)

- ◆ Butter in einer Pfanne zerlassen.
- ◆ Grieß, Pinienkerne und Orangenschale hinzufügen und bei mittlerer Hitze unter ständigem Rühren (am besten mit einem Holzlöffel) langsam bräunen lassen. Dieser Vorgang dauert seine Zeit – mindestens 20 Minuten. Geduld ist das Geheimnis eines guten Helvas!
- ◆ Wasser in einem kleinen Topf erwärmen, Honig darin auflösen.
- ◆ Wenn der Grieß zu duften beginnt, noch eine Weile weiterrühren, bis die ganze Küche von diesem Geruch erfüllt ist.
- ◆ Die lauwarme Wasser-Honig-Mischung in die Pfanne gießen und unterrühren.
- ◆ Sobald der Grieß die Flüssigkeit aufgesogen hat, die Pfanne vom Herd ziehen und mit einem Deckel abdecken. Fünf Minuten ziehen lassen.
- ◆ Den Grießhelva mit einem Löffel durchrühren, auf Tellerchen geben und servieren.

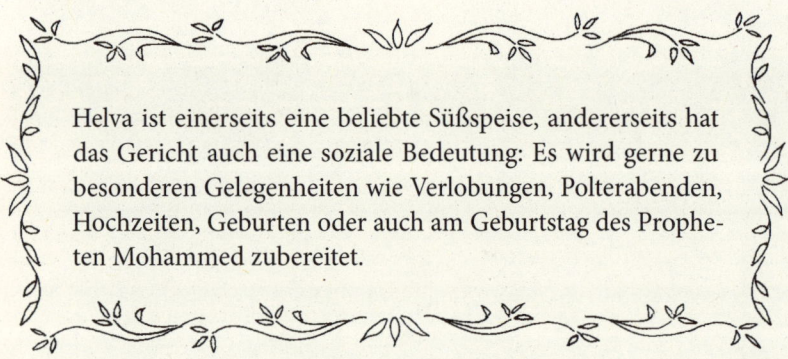

Helva ist einerseits eine beliebte Süßspeise, andererseits hat das Gericht auch eine soziale Bedeutung: Es wird gerne zu besonderen Gelegenheiten wie Verlobungen, Polterabenden, Hochzeiten, Geburten oder auch am Geburtstag des Propheten Mohammed zubereitet.

Mehlhelva
Un Helvası

75 g Butter
100 g fein gemahlenes Weizenvollkornmehl
3 EL gehackte Walnusskerne
100 ml Milch
3 EL milder Honig

◆ Butter in einer großen Pfanne zerlassen.
◆ Das Mehl und die gehackten Walnüsse hinzufügen und bei geringer Hitze unter ständigem Rühren (am besten mit einem Holzlöffel) langsam bräunen lassen. Dieser Vorgang dauert seine Zeit – mindestens 20 Minuten. Geduld ist das Geheimnis eines guten Helvas!
◆ Die Milch in einem kleinen Topf leicht erwärmen und den Honig darin auflösen.
◆ Wenn das Mehl zu duften beginnt, noch eine Weile weiterrühren, bis die ganze Küche von diesem leicht nussigen Geruch erfüllt ist.
◆ Dann die lauwarme Milch-Honig-Mischung in die Pfanne gießen und unterrühren. Sobald das Mehl die Flüssigkeit aufgesogen hat, die Pfanne vom Herd ziehen und mit einem Deckel abdecken. Fünf Minuten ruhen lassen.
◆ Mit Hilfe von zwei Esslöffeln walnussgroße Klößchen formen und auf einem Teller drapieren. Warm oder kalt servieren.

Tipp: Man kann Mehlhelva auch mit Weißmehl zubereiten, allerdings schmeckt es dann nicht so intensiv.
Mehlhelva wird traditionell bei Beerdigungen gekocht. Auch am siebten und 40. Tag nach dem Tod eines nahen Menschen wird Helva gekocht, in Rauten oder Rechtecke geschnitten und an Verwandte, Freunde und Nachbarn verteilt.

Milchpudding mit knusprigem Boden
Kazandibi

1 l Milch
175 g Zucker
6 EL Reismehl
4 EL Butter
4 EL Puderzucker

♦ In einem Topf dreiviertel Liter Milch mit dem Zucker aufkochen.
♦ Das Reismehl mit der restlichen Milch verrühren. Langsam in die kochende Milch gießen und etwa fünf Minuten weiterrühren, bis der Pudding andickt.
♦ In einer breiten, flachen, hitzebeständigen Glas- oder Emailleform die Butter zerlassen.
♦ Den Puderzucker hinzufügen und karamellisieren lassen.
♦ Etwas Pudding einfüllen und leicht anbrennen lassen. Die Form vom Herd nehmen und den restlichen Pudding einfüllen.
♦ Die Form für eine Minute in kaltes Wasser stellen, dann den Pudding völlig erkalten lassen.
♦ Vor dem Servieren den Pudding in Rechtecke schneiden, mit einem Tortenheber vom Boden der Form lösen und mit der karamellisierten Seite nach oben servieren.

Aprikosen in Sirup
Kayısı Tatlısı

16 getrocknete Aprikosen
16 Walnusshälften oder ganze Haselnüsse
100 g Zucker
100 ml Wasser
125 ml Sahne

◆ Aprikosen zwei Stunden in heißem Wasser einweichen.
◆ Die Aprikosen an einer Seite einschneiden und jeweils mit einer Walnusshälfte oder mit einer ganzen Haselnuss füllen.
◆ Die gefüllten Aprikosen in einen Topf geben, mit dem Zucker bestreuen und mit dem Wasser aufgießen.
◆ Bei niedriger Temperatur köcheln, bis die Aprikosen weich sind und den Sirup aufgesogen haben.
◆ Die Aprikosen kalt stellen und mit geschlagener Sahne servieren.

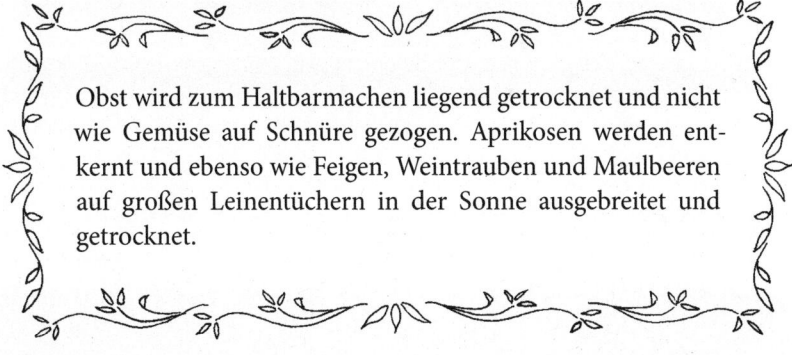

Obst wird zum Haltbarmachen liegend getrocknet und nicht wie Gemüse auf Schnüre gezogen. Aprikosen werden entkernt und ebenso wie Feigen, Weintrauben und Maulbeeren auf großen Leinentüchern in der Sonne ausgebreitet und getrocknet.

Feigen in Sirup
İncir Tatlısı

16 getrocknete Feigen
16 Walnusshälften
100 g Zucker
100 ml Wasser
125 ml Sahne

♦ Feigen zwei Stunden in heißem Wasser einweichen.
♦ Feigen an einer Seite einschneiden. Jede Feige mit einer Walnusshälfte
  füllen.
♦ Die gefüllten Feigen in einen Topf geben, mit Zucker bestreuen und
  mit Wasser aufgießen. Bei niedriger Temperatur köcheln, bis die
  Feigen weich sind und den Sirup aufgesogen haben. Anschließend
  erkalten lassen.
♦ Die Sahne steif schlagen und mit den Feigen servieren.

Kürbis in Sirup
Kabak Tatlısı

1 dicke Scheibe Kürbis (500 g)
100 g Zucker
50 g grob gehackte Walnüsse
125 ml Sahne
  oder 125 g Crème fraîche

◆ Die Kürbisscheibe schälen, waschen und in walnussgroße Würfel schneiden.

◆ Die Kürbiswürfel in einen Topf oder eine Pfanne geben, mit dem Zucker bestreuen und mindestens 60 Minuten (je nach Kürbissorte auch über Nacht) warten, bis der Kürbis zu schwitzen beginnt und Saft abgibt.

◆ Die Kürbisstücke im eigenen Saft weich dünsten.

◆ Kürbis abkühlen lassen, mit den gehackten Walnüssen bestreuen und zusammen mit geschlagener Sahne oder Crème fraîche servieren.

Reisblätter mit Nussfüllung
Güllaç

1 Vanilleschote
3 l Milch
700 g Zucker
12 Güllaçblätter
400 g gehackte Walnüsse
    oder 200 g Wal- und 200 g Haselnüsse
4 EL fein gemahlene Pistazienkerne
6 EL Granatapfelkerne

♦ Die Vanilleschote aufschneiden und das Mark auskratzen.
♦ Die Milch mit Vanillemark und Zucker aufkochen, lauwarm abkühlen
  lassen.
♦ In eine große, runde Form zuerst ein Güllaçblatt legen, dann drei
  Esslöffel Nüsse gleichmäßig darauf verteilen.
♦ Einen Suppenlöffel gesüßte Milch darübergießen.
♦ Das zweite Güllaçblatt darauflegen, wieder mit drei Esslöffel Nüssen
  bestreuen und Milch darüberschöpfen. Mit den restlichen Güllaçblät-
  tern, Nüssen und Milch genauso verfahren.
♦ Zum Schluss das letzte Güllaçblatt auflegen.
♦ Dann die restliche Milch darübergießen und zwei Stunden an einem
  kühlen Ort durchziehen lassen.
♦ Vor dem Servieren mit Pistazien- und Granatapfelkernen bestreuen.
♦ Das Dessert in große Quadrate (10 cm × 10 cm) schneiden.

Tipp: *Güllaç* ist ein leichtes Dessert, das vor allem während des muslimischen Fastenmonats Ramadan gerne gegessen wird. Güllaçblätter gibt es
deshalb während des Ramadans in türkischen Geschäften zu kaufen. Sie
werden aus Reis- oder Maisstärke hergestellt. Sie sehen wie riesige Back-
oblaten aus (etwa einen Meter Durchmesser).
Sollten Sie keine große runde Form zur Hand haben, können Sie auch eine
rechteckige Form verwenden. Die Blätter können dann entsprechend der
Größe der Form zerbrochen werden. Die Randstücke werden einfach zwischen den einzelnen Lagen mit eingeschichtet.

Überbackener Milchreis
Fırında Sütlaç

½ Vanilleschote
1 l Milch
1 EL Butter
150 g Zucker
1 Prise Meersalz
100 g Milchreis
1 EL Reisstärke
2 Eigelb
6 EL Wasser
4 EL geröstete und gehackte Haselnüsse
1 EL Zimtpulver

♦ Vanilleschote aufschneiden und das Mark auskratzen.
♦ Die Milch mit Vanillemark, Butter, Zucker, Salz und Reis aufkochen und den Reis bei niedriger Temperatur ausquellen lassen.
♦ Die Reisstärke mit Eigelb und dem Wasser verrühren und zum Milchreis geben. Einige Minuten weiterquellen lassen.
♦ Den Milchreis in feuerfeste Förmchen füllen, diese auf ein Backblech setzen und unter dem Backofengrill kurz bräunen.
♦ Den Milchreis abkühlen lassen und kalt, mit gehackten Haselnüssen und Zimt bestreut, servieren.

Süßes Blätterteiggebäck
Baklava

Für eine runde Back- oder Auflaufform
*   (30 Zentimeter Durchmesser, keine Springform!)*

100 g Butter
600 g Weizenvollkornmehl
1 Päckchen Backpulver
200 ml lauwarme Milch
1 Ei
Mehl für die Arbeitsfläche
4 EL Weizenkleie
100 g Butter
2 Eiweiß
400 g gehackte Walnüsse
8 EL Honig
1 TL Zimtpulver
1 Prise Meersalz
1 EL Rosenwasser
400 ml Wasser
200 g Roh-Rohrzucker
Saft von 1 Zitrone

◆ Die Butter in einem kleinen Topf bei niedriger Temperatur schmelzen.
   Anschließend etwas abkühlen lassen.
◆ Aus Mehl, Backpulver, Milch, geschmolzener Butter und Ei einen
   weichen Teig kneten. Den Teig zu einer Kugel formen und 30 Minuten
   unter einem feuchten Tuch ruhen lassen.
◆ Den Teig in drei Teile teilen, diese wiederum in jeweils zehn Kugeln
   aufteilen. Jede Kugel auf einer bemehlten Arbeitsfläche zu einer
   dünnen Teigplatte von 30 Zentimeter Durchmesser ausrollen.
◆ Zehn Teigplatten jeweils dünn mit Weizenkleie bestreuen und aufein-
   anderschichten, dabei die oberste Teigplatte nicht bestreuen. Mit den
   restlichen 20 Teigplatten ebenso verfahren, sodass drei Teigtorten aus
   jeweils zehn übereinandergeschichteten Teigblättern entstehen.

- ◆ Die Butter im kleinen Topf schmelzen.
- ◆ Eiweiße steif schlagen, Walnüsse, Honig, Zimt, Meersalz und Rosenwasser unterziehen.
- ◆ Die Backform einfetten. Die erste Teigplattentorte hineinlegen, mit einem Drittel der geschmolzenen Butter bepinseln und mit der Hälfte der Walnussmasse bestreichen.
- ◆ Die zweite Teigplattentorte darauflegen, mit einem weiteren Drittel der Butter bepinseln und mit der restlichen Walnussmasse bestreichen. Die letzte Teigplattentorte auflegen.
- ◆ Das rohe Baklava in Quadrate oder Rauten schneiden und mit der restlichen Butter übergießen.
- ◆ Bei 180 °C im Backofen 30 – 40 Minuten backen, anschließend erkalten lassen.
- ◆ Wasser und Zucker aufkochen, etwa 15 Minuten einkochen lassen. Den Zitronensaft unterrühren und den Sirup sofort gleichmäßig über das Baklava gießen.
- ◆ Einige Stunden (am besten über Nacht) ruhen lassen, bis die Baklavarauten den Sirup aufgesogen haben.

Pudding mit Trockenfrüchten
Aşure

50 g weiße Bohnen
50 g Kichererbsen
50 g Tellerlinsen
Wasser zum Einweichen und Kochen
100 g Graupen
½ l Wasser
50 g getrocknete Aprikosen
50 g getrocknete Feigen
1 Apfel
50 g Rosinen
1 ½ l Wasser
etwa 75 g Zucker
1 TL Stärke
4 EL Wasser

♦ Bohnen, Kichererbsen und Linsen getrennt über Nacht in reichlich
  Wasser einweichen.
♦ Am nächsten Tag mit frischem Wasser separat aufsetzen und weich
  kochen (Bohnen und Kichererbsen etwa 60 Minuten, Linsen 40 Minu-
  ten).
♦ Die Graupen ebenfalls über Nacht einweichen. Am nächsten Tag mit
  einem halben Liter Wasser etwa 30 Minuten garen.
♦ Die Aprikosen und die Feigen grob hacken. Den Apfel grob reiben.
♦ Graupen, Hülsenfrüchte und Früchte und Rosinen miteinander in
  einem großen Topf mischen. Das Wasser angießen, aufkochen und
  alles zehn Minuten köcheln lassen. Mit dem Zucker abschmecken.
♦ Die Stärke mit dem kalten Wasser verrühren, in die Süßspeise geben
  und nochmals aufkochen lassen.
♦ *Aşure* erkalten lassen und servieren.

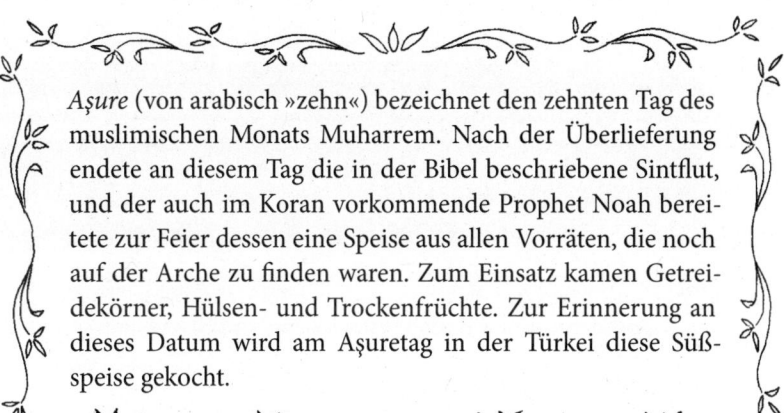

Aşure (von arabisch »zehn«) bezeichnet den zehnten Tag des muslimischen Monats Muharrem. Nach der Überlieferung endete an diesem Tag die in der Bibel beschriebene Sintflut, und der auch im Koran vorkommende Prophet Noah bereitete zur Feier dessen eine Speise aus allen Vorräten, die noch auf der Arche zu finden waren. Zum Einsatz kamen Getreidekörner, Hülsen- und Trockenfrüchte. Zur Erinnerung an dieses Datum wird am Aşuretag in der Türkei diese Süßspeise gekocht.

Mastixpudding
Sakızlı Muhallebi

1 l Milch
100 g Zucker
8 EL Reismehl
¼ TL pulverisiertes Mastixharz
50 g Erdbeermarmelade

◆ In einem Topf dreiviertel Liter Milch mit dem Zucker aufkochen.
◆ Das Reismehl mit der restlichen Milch verrühren. Langsam in die kochende Milch gießen und so lange rühren, bis der Pudding andickt.
◆ Das Mastixpulver unter den Pudding rühren. Den Topf vom Herd nehmen und den Pudding zwei Minuten kräftig mit einem Schneebesen schlagen.
◆ Den Pudding in Schälchen füllen und erkalten lassen.
◆ Die Erdbeermarmelade in einem kleinen Topf erhitzen und den Mastixpudding damit verzieren.

Tipp: Mastix ist das Harz einer Pistazienart *(Pistacia lentiscus),* das hauptsächlich auf der griechischen Insel Chios gewonnen wird. Mastix ist, in getrockneter Form, in türkischen und griechischen Lebensmittelgeschäften erhältlich. (Bitte unbedingt darauf achten, dass das Harz Lebensmittelqualität besitzt!) Zerreiben Sie das getrocknete Harz stets frisch im Mörser, zusammen mit einer Prise Zucker.

Getränke
İçecekler

Wasser und schwarzer Tee sind die klassischen Alltagsgetränke. Türkischer Mokka wird zum Abschluss eines Menüs und zum geselligen Beisammensein zu Hause oder im Kaffeehaus *(kahvehanel)* getrunken. In den heißen Monaten sind Joghurtgetränke *(ayran)* und frisch gepresste Fruchtsäfte eine willkommene Erfrischung. Im Winter wärmen Getränke wie *Sahlep,* mit Orchideenpulver aromatisierte Milch, und *Boza,* das aus fermentiertem Getreide zubereitet wird.

Kaltes Joghurtgetränk
Ayran

600 g Joghurt
150 – 200 ml stilles Mineralwasser
1 Prise Meersalz

♦ Den Joghurt gut mit dem Mineralwasser verrühren.
♦ Mit einer Prise Salz würzen und gut gekühlt servieren.

Tipp: *Ayran* ist besonders erfrischend in den heißen Sommermonaten.

Tee
Çay

Tee ist das am meisten verbreitete Getränk. Es wird zu jeder Tageszeit getrunken. Man bereitet es aus Wasser und losem schwarzem Tee in einem *Çaydanlık* zu. Ein *Çaydanlık* besteht aus zwei übereinandersitzenden Kannen. Die untere Kanne wird mit Wasser gefüllt, die obere mit losem schwarzem Tee und etwas Wasser. Der *Çaydanlık* wird direkt auf die Herdplatte gestellt. Beginnt das Wasser in der unteren Kanne zu kochen, steigt der Wasserdampf nach oben und gart den Tee praktisch im Dampf. Zum Servieren wird etwas Tee aus der oberen Kanne in ein (traditionell tulpenförmiges) Teeglas gegossen und mit heißem Wasser aus der unteren Kanne aufgegossen. Nach Wunsch kann man den Tee mit Zucker süßen.

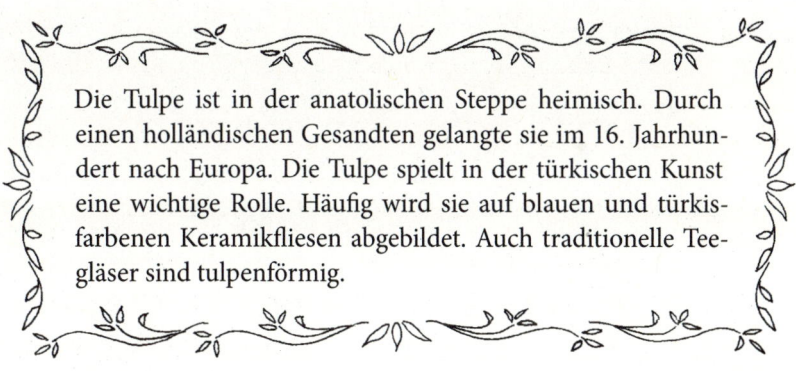

Die Tulpe ist in der anatolischen Steppe heimisch. Durch einen holländischen Gesandten gelangte sie im 16. Jahrhundert nach Europa. Die Tulpe spielt in der türkischen Kunst eine wichtige Rolle. Häufig wird sie auf blauen und türkisfarbenen Keramikfliesen abgebildet. Auch traditionelle Teegläser sind tulpenförmig.

Türkischer Kaffee
Kahve

Kaffee wird zu speziellen Gelegenheiten getrunken. Dazu verrührt man Wasser mit fein gemahlenem Kaffeepulver und (nach Wunsch) Zucker in einem kleinen Stielgefäß, der *Cezve,* und kocht das Gemisch auf. Serviert wird der Kaffee in Mokkatässchen.

Pro Person:

1 Mokkatasse kaltes Wasser
1 TL fein gemahlenes Kaffeepulver
je nach Geschmack bis zu 1 TL Zucker

♦ Im Stieltopf das Wasser mit dem Kaffee und dem Zucker verrühren.
♦ Unter Rühren erhitzen, dabei aufpassen, dass der sich bildende Schaum nicht zerstört wird. Den Kaffee in die Mokkatasse füllen und servieren.

Tipp: Bevor man beginnt, den Kaffee zu kochen, fragt man seine Gäste, wie süß sie ihren Kaffee trinken möchten. Man unterscheidet dabei zwischen ungesüßt *(sade)*, mittelsüß *(orta şekerli)* und süß *(şekerli)*.

Zitronenlimonade
Limonata

6 unbehandelte Zitronen
400 g Zucker
2 l Wasser
2 Hand voll Minzeblätter

♦ Die Zitronen heiß waschen, abtrocknen und die Schale mit einer Reibe
leicht aufrauen, damit sich die Poren öffnen.
♦ Zitronen in dünne Scheiben schneiden und in eine Schüssel geben.
Den Zucker darüberstreuen und die Zitronenscheiben mit den
Händen zwei Minuten gut durchkneten.
♦ Das Wasser dazugeben und die Zitronen in dem Wasser über Nacht an
einem kühlen Ort stehen lassen.
♦ Vor dem Servieren die Zitronenlimonade durch ein feinmaschiges Sieb
abgießen.
♦ Gläser mit Minzeblättern füllen und die Zitronenlimonade darüber-
gießen.

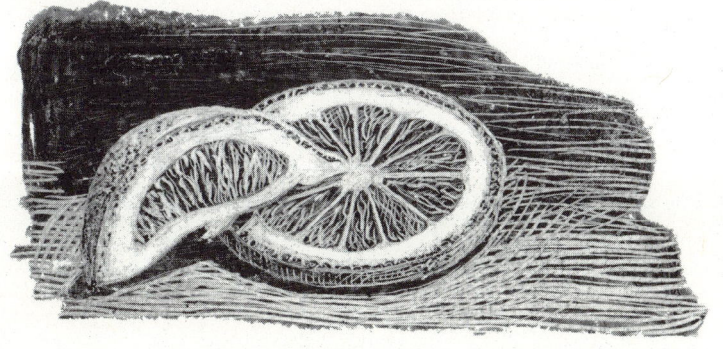

Fermentiertes Getreidegetränk
Boza

Für einen Liter

150 g Bulgur
1 ½ l Wasser
½ Vanilleschote
1 EL Weizenmehl
75 ml Wasser
4 EL Zucker
1 EL Joghurt
¼ TL frische Hefe
Zimtpulver

◆ Bulgur mit einem Liter Wasser übergießen und über Nacht stehen lassen.
◆ Am nächsten Tag aufkochen und zwei Stunden köcheln lassen.
◆ Bulgur mit dem Pürierstab pürieren, anschließend durch ein Sieb streichen. Den Bulgurbrei dabei auffangen und beiseite stellen.
◆ Die im Sieb verbliebene Bulgurmasse in den Topf zurückgeben, mit einem halben Liter Wasser übergießen und 60 Minuten köcheln lassen. Wieder durch das Sieb streichen und den aufgefangenen Brei gut mit der ersten Ausbeute verrühren.
◆ Die Vanilleschote aufschneiden und das Mark herauskratzen.
◆ Das Mehl mit dem Wasser und dem Vanillemark in einem kleinen Topf verrühren und bei niedriger Hitze bis zum Andicken köcheln lassen.
◆ Den Topf vom Herd nehmen und den Zucker einrühren, bis er sich gelöst hat.
◆ Den Joghurt und die Hefe hinzufügen und in den dünnflüssigen Bulgurbrei einrühren. An einem warmen Ort 30 Minuten gehen lassen.
◆ Den Boza in einen großen Emaille-, Keramik- oder Glastopf füllen und bei Zimmertemperatur ein bis fünf Tage fermentieren lassen. Regelmäßig umrühren. Mit Zimt bestreut servieren.

Boza ist ein dickflüssiges Wintergetränk aus fermentiertem Getreide. Er hat die Konsistenz wie dickflüssige Buttermilch. Man kann ihn nicht nur aus Bulgur, sondern auch aus Hirse, Weizen, Gerste, Roggen, Hafer, Mais oder auch Reis herstellen. Je nach Gärungsgrad ist er entweder leicht süß oder säuerlich. *Boza* wird mit Zimt und gerösteten Kichererbsen bestreut serviert.

Bereits im 14. Jahrhundert begegnete der berühmte arabische Reisende Ibn Battuta *Boza* bei den Türken in Mittelasien. Im 16. Jahrhundert erließ der oberste Würdenträger des Religions- und Rechtswesens des Osmanischen Reiches, der Şeyhülislam Ebusuud Efendi, Rechtsgutachten, in denen es darum ging, ob Muslimen der Genuss von »süßem« (nichtvergorenem) und »saurem« (vergorenem) *Boza* gestattet sei oder nicht.

Boza wird heutzutage hauptsächlich in Läden und Supermärkten verkauft. Manchmal hört man aber auch heute noch an Winterabenden den Ruf des durch die Straßen laufenden Bozaverkäufers, der mit lauten »Boooooooooooooooooooza«-Rufen seine Ware anpreist.

Heiße Milch mit Orchideenwurzel
Sahlep

750 ml Milch
50 ml Wasser
2 EL Zucker
4 gestrichene EL Sahleppulver
Zimtpulver

◆ Die Milch mit Wasser, Zucker und dem Sahleppulver in einem Topf
vermischen und aufkochen.
◆ Bei niedriger Temperatur unter ständigem Rühren köcheln lassen, bis
die Flüssigkeit leicht andickt.
◆ Die heiße Milch in Tassen füllen und mit Zimtpulver bestreut
servieren.

Tipp: Sahleppulver wird aus einer Wurzel einer Orchideenart *(Orchis masculis),* die in Ostanatolien wild wächst, hergestellt. Das Pulver ist in türkischen Lebensmittelgeschäften erhältlich. **Sahlep** dient nicht nur zum Andicken, sondern sorgt auch für ein besonderes, vanilleähnliches Aroma.

Süßes und Saures
Turşular ve Reçeller

Wohl dem, der sich im Sommer die Zeit genommen hat, um Gurken, Paprika und Auberginen einzulegen, Gemüsesaucen einzukochen und Marmeladen herzustellen. Mit den pikanten und süßen Schätzen aus der türkischen Vorratskammer lassen sich trübe Wintertage zumindest kulinarisch bis zum nächsten Frühjahr überbrücken. Mit speziellen Zutaten wie Pomeranzenschalen, Rosen- oder Klatschmohnblüten kommt mit den türkischen Marmeladen zudem geschmacklich und optisch Abwechslung auf den Tisch.

Eingelegte Gemüse
Turşu

Für einen Steinguttopf (20 Liter Inhalt)

2 l Wasser
grobkörniges Meersalz
50 g Zucker
½ l Weinessig
2 kg (kleine) Auberginen
3 kg Einmachgurken
1 kg grüne Tomaten
1 kg scharfe grüne Peperoni
2 kg Weißkohl
500 g grüne Bohnen
500 g Möhren
3 Knoblauchknollen
2 Bund glatte Petersilie
1 Hand voll getrocknete Kichererbsen

- ◆ Das Wasser mit 200 Gramm Meersalz aufkochen, rühren, bis sich das Salz gelöst hat, und abkühlen lassen.
- ◆ Den Zucker in dem Weinessig auflösen.
- ◆ Das Gemüse putzen, waschen und abtrocknen.
- ◆ Alle Weißkohlblätter abtrennen, sechs Blätter fein hacken und beiseite stellen.
- ◆ Die Möhren in dicke Scheiben schneiden.
- ◆ Knoblauchzehen schälen. Die Zehen einer Knolle fein hacken und zum gehackten Weißkohl geben.
- ◆ Einen Bund Petersilie fein hacken und zum gehackten Weißkohl-Knoblauch-Gemisch geben.
- ◆ Auberginen in der Mitte aufschneiden, etwas auseinander drücken, mit jeweils einer scharfen grünen Paprika und etwas vom Kohl-Knoblauch-Petersiliengemisch füllen, fest zusammendrücken und mit Faden oder Petersilienstängeln umwickeln.

♦ Die gefüllten Auberginen zusammen mit dem restlichen Gemüse, dem restlichen Knoblauch, der restlichen Petersilie und den Kichererbsen abwechselnd dicht an dicht in das Gefäß einschichten, mit der Salzlösung und dem Essig übergießen und eine Hand voll Meersalz darüberstreuen. Die Gemüse dürfen nicht aus dem Sud herausragen!

♦ Mit einem Brett oder Teller und einem Stein beschweren, damit die Gemüse nicht hochsteigen. Bei Zimmertemperatur vier Wochen stehen lassen.

Gemüse legt man entweder selbst ein oder man kauft sie fertig in speziellen Läden, in denen alle Arten von eingelegtem Gemüse verkauft werden. Im Sommer kann man dort auch das Gemüseeinlegewasser, ein erfrischendes Getränk, kaufen.

Scharfe Paprika-Tomaten-Sauce
Acılı Sos

500 g Peperoni
2 kg Möhren
2 kg rote Spitzpaprika
10 kg Tomaten
1 Knoblauchknolle
Meersalz
Saft von 1 Zitrone
6 EL Weinessig
200 ml Olivenöl

♦ Peperoni, Möhren, Paprika und Tomaten waschen. Stielansätze entfernen und die Spitzpaprika entkernen.
♦ Die Knoblauchzehen schälen.
♦ Gemüse und Knoblauch im Mixer zerkleinern und in ein großes, sterilisiertes Schraubglas geben.
♦ Meersalz, Zitronensaft, Weinessig und Olivenöl vermischen und darübergießen.
♦ Das Glas verschließen und die Sauce eine Woche bei Zimmertemperatur durchziehen lassen. Dann in den Kühlschrank stellen.

Pomeranzenmarmelade
Turunç Reçeli

8 unbehandelte Pomeranzen (bittere Orangen)
Kochfäden
Wasser zum Entbittern
3 kg Zucker
etwas Wasser nach Bedarf
2 Spritzer Zitronensaft

◆ Pomeranzen gut waschen. Abtrocknen und die Schale mit einer Reibe leicht aufrauen, damit sich die Poren öffnen.
◆ Die Pomeranzen achteln. Das Fruchtfleisch auslösen und wegwerfen. Die Schalenstücke einzeln aufrollen und mit Kochfäden umwickeln.
◆ Die Pomeranzenrosetten in einen Topf geben, mit reichlich frischem Wasser aufgießen und fünf bis zehn Minuten kochen. Abkühlen lassen.
◆ Am nächsten Tag abgießen und mit frischem Wasser auffüllen. Die nächsten zwei Tage genauso verfahren. (So werden die Bitterstoffe aus der Schale gelöst.)
◆ Am Abend des dritten Tages das Wasser abgießen und die Rosetten mit dem Zucker bestreuen. Umrühren und über Nacht durchziehen lassen.
◆ Am nächsten Tag die Kochfäden aufschneiden und von den Rosetten entfernen. Pomeranzenrosetten mit dem Zucker aufkochen. Eventuell ein klein wenig Wasser zugeben.
◆ Die Pomeranzenschalen sprudelnd kochen lassen, bis sich Schaum bildet. Diesen abschöpfen.
◆ Den Zitronensaft hinzufügen und die Pomeranzenmarmelade sofort in sterilisierte Marmeladengläser füllen und luftdicht verschließen. Die Gläser fünf Minuten auf den Kopf stellen. Danach die Gläser wieder umdrehen und die Marmelade abkühlen lassen.

Tipp: Pomeranzen *(Citrus aurantium)*, auch bittere Orangen oder Bigaraden genannt, sind dickschalige Zitrusfrüchte mit bitter schmeckendem Fruchtfleisch. Aus ihrer Schale wird unter anderem Orangeat hergestellt. Aus den Blüten gewinnt man Orangenblütenwasser und Neroliöl.

Rosenmarmelade
Gül Reçeli

100 g duftende, ungespritzte, am Morgen geerntete Rosenknospen
200 g Gelierzucker
400 ml Wasser

♦ Rosenblütenblätter vorsichtig abzupfen.
♦ In einem Topf mit dem Gelierzucker und dem Wasser vermengen und
  60 Minuten stehen lassen.
♦ Die Marmelade aufkochen und vier Minuten sprudelnd kochen lassen.
♦ Heiß in ein sterilisiertes Marmeladenglas füllen und luftdicht verschließen. Das Glas fünf Minuten auf den Kopf stellen, danach
  wieder umdrehen und die Marmelade abkühlen lassen.

Klatschmohnmarmelade
Gelincik Reçeli

100 g frische Klatschmohnblütenblätter
200 g Gelierzucker
400 ml Wasser
1 TL Zitronensaft

♦ Klatschmohnblütenblätter in einem Topf mit dem Gelierzucker und dem Wasser vermengen und 60 Minuten ruhen lassen.
♦ Die Marmelade aufkochen, vier Minuten sprudelnd kochen lassen.
♦ Den Zitronensaft unterrühren.
♦ Die Klatschmohnmarmelade sofort in ein heiß ausgekochtes Marmeladenglas füllen und luftdicht verschließen.
♦ Das Glas fünf Minuten auf den Kopf stellen, danach wieder umdrehen und die Marmelade abkühlen lassen.

Die Autorin

Katrin Eppler studierte Turkologie, Islam-wissenschaften und Arabistik in Oxford, London, Istanbul und Teheran. Nach mehrjährigem Aufenthalt in der Türkei wohnt sie heute in der Nähe von Stuttgart, reist aber immer noch regelmäßig nach Istanbul. Die passionierte Hobbyköchin besucht dort mit Vorliebe die Obst- und Gemüsemärkte, stets auf der Suche nach neuen Zutaten und Gerichten. Begeistert blickt sie auch in die Kochtöpfe ihrer türkischen Verwandten und Freunde, die ihr für dieses Buch besondere Rezepte und Zubereitungstipps verraten haben.

Rezeptindex

Wir engagieren uns noch stärker für den Klimaschutz!

Seit mehr als 15 Jahren drucken wir unsere Bücher weitestgehend auf Recyclingpapier und versuchen damit, eine ressourcenschonende und umweltfreundliche Buchproduktion zu ermöglichen.

In den letzten Jahren ist der Klimawandel mit seinen weitreichenden Folgen für uns und vor allem unsere nachfolgenden Generationen immer mehr zum Thema geworden. Die Auswirkungen sind bereits jetzt spürbar – Wetterextreme, sich verschiebende Jahreszeiten, Erderwärmung. Auch wenn diese Entwicklungen nicht mehr völlig aufzuhalten sind, müssen wir – auch als Verlag – aktiv werden.

Die *freiburger graphische betriebe*, die Druckerei, in der unsere Bücher produziert werden, beteiligen sich an der Klimainitiative der Druck- und Medienverbände Deutschland und bieten die Möglichkeit, Buchproduktionen klimaneutral herstellen zu lassen. »Klimaneutral« bedeutet den Ausgleich von Treibhausgasen bzw. die Neutralisation durch die Einsparung einer bestimmten CO_2-Menge an anderer Stelle. Da die Wirkungen des Treibhauseffektes global schädigen, ist es irrelevant, an welchem Ort der Welt Emissionen entstehen und wo sie dann letztendlich eingespart werden. Der gesamte Prozess des Ausgleiches von Treibhausgasen basiert auf dem Kyoto-Protokoll von 1997.

Wir haben nun die Möglichkeit, für jedes Druckprodukt den genauen Wert des CO_2-Ausstoßes, der auf den Produktionsprozess in der Druckerei und deren Materialeinsatz zurückzuführen ist, zu ermitteln. Mit Hilfe eines vom Bundesverband der deutschen Druckindustrie entwickelten Rechners, mit dem viele Faktoren erfasst werden – Energieverbrauch, Farbe, Papier, Transportwege oder Einsatz von Personal – wird am Ende der Buchproduktion ein Wert ermittelt, der die relevante Wertschöpfungskette für die technische Herstellung des Buchs umfasst und den durch die Produktion verursachten CO_2-Ausstoß nachweist.

Für diesen Wert bezahlen wir als Verlag einen Ausgleich, der dann in anerkannte und zertifizierte Klimaschutzprojekte fließt. Die Zertifizierung erfolgt durch die Organisation *firstclimate* (www.firstclimate.com) und wird durch das Logo »Print CO_2« angezeigt.

Die aus dem Druck dieses Buchs resultierende Klimaabgabe fließt in ein Windparkprojekt in der Marmara-Region in der Türkei.

Das Projektgebiet liegt in der Marmara-Region an einem Höhenrücken etwa 350 m über Meereshöhe, nahe der Dörfer Elbasan und Çatalca unweit Istanbuls. Im Rahmen des Projekts werden 20 Windenergieanlagen mit einer Nennleistung von je 3 MW errichtet.

Vegetarisches aus aller Welt

Kerstin Lautenbach-Hsu:
Vegetarisch kochen – chinesisch
ISBN: 978-3-89566-259-1

Yashoda Aithal:
Vegetarisch kochen – indisch
ISBN: 978-3-89566-153-2

Heike Kügler-Anger:
Vegetarisch kochen – französisch
ISBN: 978-3-89566-224-9

Sima Dourali und
Soodabeh Durali-Müller:
Vegetarisch kochen – persisch
ISBN: 978-3-89566-233-1

Andere Bücher aus dem pala-verlag

Lena Brorsson Almiger:
Schwedisch backen
ISBN: 978-3-89566-269-0

Angelika Eckstein:
Vegan backen
ISBN: 978-3-89566-239-3

Heike Kügler-Anger:
Cucina vegana
ISBN: 978-3-89566-247-8

Suzanne Barkawitz:
Vegan genießen
ISBN: 978-3-89566-266-9

Gesamtverzeichnis bei:
pala-verlag, Rheinstraße 35, 64283 Darmstadt, www.pala-verlag.de

ISBN: 978-3-89566-271-3
© 2010: pala-verlag,
Rheinstraße 35, 64283 Darmstadt
www.pala-verlag.de

Alle Rechte vorbehalten
Umschlag- und Innenillustrationen: Margret Schneevoigt
Landkarte: Ingrid Keller

Lektorat: Barbara Reis

Druck: fgb • freiburger graphische betriebe
www.fgb.de
Printed in Germany

Dieses Buch ist klimaneutral produziert und
auf Papier aus 100 % Recyclingmaterial gedruckt.